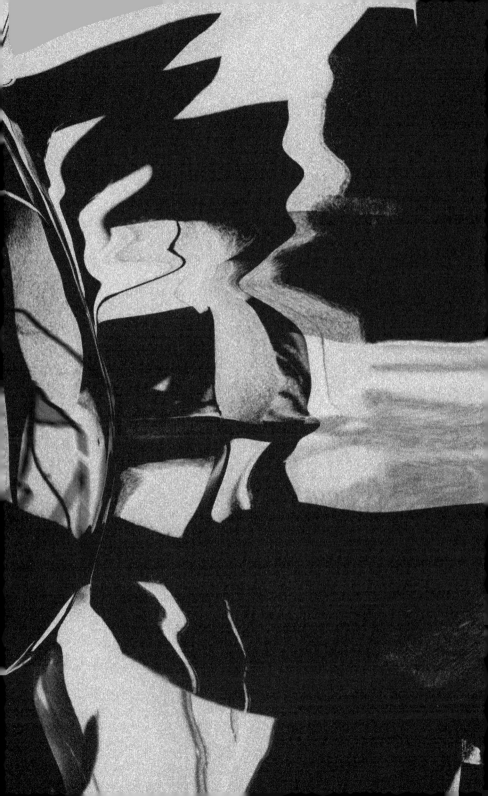

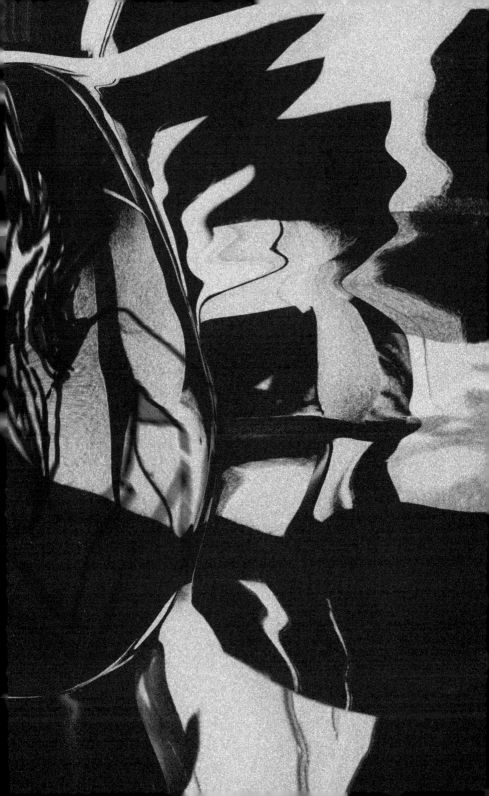

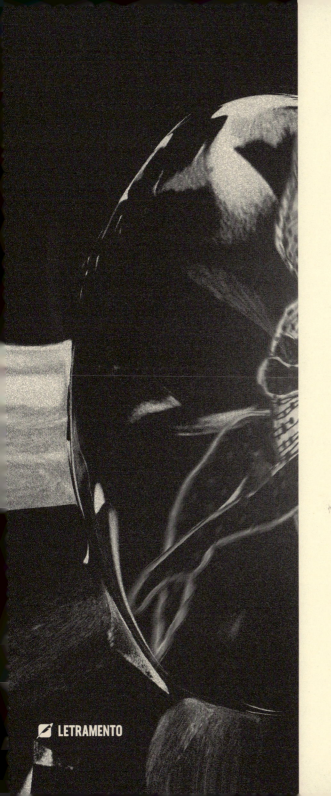

MANIFESTO CRISÁLIDA
ESCRITAS SUBCUTÂNEAS POR MORENA CARDOSO

LETRAMENTO

A vida tem sua própria sabedoria. Quem tenta ajudar uma borboleta a sair do casulo a mata. Quem tenta ajudar o broto a sair da semente o destrói. Há certas coisas que têm que acontecer de dentro para fora.

Rubem Alves

As asas transformadas da borboleta eram extremamente imaturas. Tocaram o ar, naquele instante. Mas naquele começo não podiam voar. Durante um curto espaço de tempo. Durante quanto tempo? E como agiu a vida? Foi a consciência que agiu? Acho que não. Eu não consigo explicar. Mas neste curto espaço de tempo, até a borboleta conseguir voar, isto é dança pura...

Kazuo Ohno

a você que me lê,
porque uma contadora de histórias feneceria
sem ter a quem contá-las.

eixo garganta-vagina	13	
	14	**corpo-atávico**
corpo-amuleto	26	
	41	**corpo-exílio**
corpo-asilo	52	
	62	**corpo-candente**
corpo-moribundo	73	
	83	**corpo-receptáculo**
corpo-serpente	100	
	111	**corpo-poroso**
corpo-flecha	132	
	146	**corpo-templo**
corpo-crisálida	159	

eixo garganta-vagina

corpo-atávico

Fui trazida à materialidade num gesto abrupto que me provocou, antes mesmo do primeiro ar respirável, a teimosia de não ter escolhido nascer. Minha mãe, a mim fusionada, deambulou por um denso puerpério com peito e ventre envergados num encontro, protegendo a ferida purulenta do meu parir. Um remendo de tantas camadas, entre útero e peles, que lhe rendeu uma eterna e densa cicatriz que mais parece um sorriso irônico de presságio. Talvez soubéssemos onde estávamos nos metendo, talvez tenhamos escolhido assim, talvez seja só a busca por justificativa e contexto.

Vim recusando, urgente e inflamada – uma ariana com ascendente em sagitário e refluxo gastroesofágico – quando, em repouso, me amarravam a um leito transversal. Se deitada, tudo o que entrasse boca adentro era expelido para fora, nos buracos da cabeça. Expressando os rigores em rejeitar a própria nutrição, cada orifício de escape ardia numa nova inflamação, desde os ouvidos à uretra, da cabeça à vulva, tudo incitava meu não-querer. De uma coisa estou certa; para além dos ocultismos do destino e sustentada nas memórias de uma corpa pequena e abrasada, nascer é, de antemão, uma síntese.

Um Deus católico cartografou minha chegada por *terra brasilis*: mineira, branca, de classe média, em uma genealogia de histórias ocultas, personagens não nomeados, contextos silenciados. Me tenho Morena, que reconhece em sentir, mas não em memória, a origem de miscigenação dos meus antepassados. Uma família que parece tradicional pelo tédio dos sentimentos honestos e lençóis cheirando amaciante, mas acometida por sutis transgressões, que me renderam desatinos e permissão a uma alma imoral menos imersa em culpas.

Minha mãe casou aos dezesseis anos. Meu pai, oito anos mais velho, segundo rumores nunca por ele deferidos, casou porque a engravidou. Ele pouco se demonstrou disponível para ser pai como eu queria, mas foi um excelente pai como podia. Salvo engano, como muitos de sua geração, ele acreditava que ser pai era prover financeiramente. Ainda que ele tenha se esforçado dedicadamente a fazer da subsistência um carinho, nunca me faltou nada, exceto o afeto. O senhor capital tomou de mim meu pai e tomou dele a ideia de presença, o que em muito justificou minha precoce raiva do dinheiro. Talvez eu fosse exigente demais, para não dizer carente – possivelmente ainda o seja.

Minha mãe viveu em uma dicotomia entre o desejo de se tornar alguém para ela mesma e o desígnio de ser para o outro. Se casou com meu pai, diz ela, em crescente insatisfação não determinante, para ter um pai. Os anos de análise e a confissão, em claro e bom tom, não a fizeram sair do papel de filha, e eu, como filha, não me atrevi a competir por esse espaço. A mim, até pouco tempo, me foi dado o papel de sua mãe.

Apesar da desistência nas investidas sobre o que ela chamaria de "sua própria vida", minha mãe sempre profetizou meu futuro de independência, mais popularmente conhecido como "não depender de homem para nada". Se eu me casasse, dizia ela, eu precisaria garantir que teria meu próprio carro na garagem, em regra comprado com meu dinheiro, conquistado com meu trabalho, para eu ir aonde e quando quisesse, segundo minha própria vontade. Ela, a senhora minha mãe, exibia com orgulho sua CNH, mas nunca se atreveu a pegar no volante: "não é que eu não saiba dirigir" dizia, decodificando as complexidades da dependência relacional. Quando criança, a aconselhei mudar a cor do esmalte para que começasse a dirigir, pois segundo minha ligeira observação a respeito dos estereótipos femininos, todas as mulheres que dirigiam vestiam as unhas vermelhas. No mais, dinheiro, se antes pai, se tornava também garantia de uma empresa doméstico-familiar heteronormativa menos falida, com promessas de independência, liberdade, e talvez carros na garagem.

Depois de minha mãe conseguir, com tratamento homeopático e camomila como remédio de fundo, apaziguar a ardência dos meus refluxos, me tornei um bebê que acordava cantando. Segundo ela, era o prenúncio de que eu seria uma pessoa feliz. Esse "acordar cantando" que ela sempre menciona – seguido de uma expressão facial dúbia –, certamente justificou os tantos momentos em que eu tive que ser mais forte do que suportava. Ainda não sei qual a força imposta, a força pretendida ou pretensa, mas sei que às vezes quero chorar mas acabo, por hábito, cantando. Ainda estou dando um tanto de mim para entregar todos os choros engasgados.

Ela repetidamente dizia que eu era chata. Chata não, *muito chata*, repetia sempre que não me adequasse às suas expectativas ou invadisse seu frágil espaço de equilíbrio e conforto. Um diabo calculista esse do discurso materno, que fala do que a gente é e não consegue mudar, ou fala do que a gente não é até a gente acreditar e se tornar. Não sei exatamente o que significava isso de ser "muito chata" mas me tornei – ou me assumi enfim – legitimamente chata. Melhor, usei do seu indiscutível arcabouço materno para nunca me importar em provar o contrário. Cada vez que alguém julgasse minha atitude como inconveniente, uma voz – da minha criança ferida que se vinga – dizia – ou segue dizendo –, orgulhosa e em segredo: "Chata mesmo, você nem imagina o quanto, posso ser muito pior, quer ver?" Ainda por vezes me percebo fazendo o mesmo com qualquer outra pessoa que me desoriente. Chatos, todos eles. Quando vejo, falei.

Meu pai achava que eu tinha uma tendência à vagabundagem. Com ar magoado que têm os homens de boa vontade, mencionou isso apenas uma vez, mas o suficiente para adquirir um eco permanente que nunca me permitiu desistir ou descansar em paz. Numa família doutrinada a servir o sistema, minha aversão às subjetividades dominantes, ao narcisismo estanque e à acumulação desenfreada de capital, era sinônimo de preguiça e não de um pensamento vanguardista. Eu já era de esquerda e não sabia, e meu pai, parte da direita reacionária que se entorpece para facilitar o negacionismo das opressões. Hoje dei nome e conceito a tal desconforto e cultuo a vagabundagem sempre que possível, como um ato de resistência, transgressão e amor.

Nossa casa era um lugar sutilmente hostil. Para manter funcional meu esqueleto psíquico, aprendi desde cedo o que há de amargo e cru no autocuidado. Ficou estabelecido subliminarmente que o importante é que eu soubesse meu lugar, o que em muito reduziu a coragem de me arriscar em territórios alheios sem me sentir invasiva, e em muito acentuou a necessidade de me proteger de ser invadida. Em minha fidelidade hereditária eu carreguei a raiva, a necessidade de limites claros e constantemente restabelecidos, a recusa ao não-lugar – o que me rendeu e me defendeu de tantos desamores.

Meu conforto na casa fria veio da arte. Minha mãe sempre andou com o cinema e a literatura embaixo do braço, e meu pai, com a música. Esses se tornaram meu mais precioso cordão umbilical e dali surgiram minhas memórias mais acolhedoras. Ainda encontro Édipo nos vinis e em títulos dormentes nas estantes do escritório.

Passei as primeiras duas décadas da minha vida tentando lidar com as questões por demais subjetivas e naturalizadas que atravessavam minhas relações familiares. Fui arrancada da mesmice quando o lugar de conforto se tornou desconfortável: estar em casa era uma dança de conflito entre forças, e daí surgiu meu primeiro desejo por singularização. Aos dezessete anos saí de casa, aos vinte me emancipei. Eu precisava dar saltos – às vezes mortais – sob o abismo de ser só, para fazer rupturas radicais e inventar novos roteiros. Eu de cá, eles de lá, cada um de um lado. Era assim, nada era dito. No hiato dos silêncios respeitosos, os corações apertados. Teria sido sempre assim?

Na terceira década da minha vida me dediquei a ser minha própria mãe, meu próprio pai, e encontrar meu lugar de origem dentro e fora de mim. O que seria de nós afinal – depois de tantos anos sob o mesmo céu, sob o mesmo teto, desperdiçados em atribuições disfarçadas de prioridades – se nos rendêssemos? Fugi, pois estar diante desses olhos e os fitar me fuzilaria, detonaria todas as narrativas de vitimização que se justificam pela falta, puxaria o fio da hereditariedade que transforma ilusões em constatações e narrativas fantasiosas em fatos: que pede provas, que amarra virtudes, que deixa impregnada de humanidade tudo aquilo que vai além do certo e do errado. Somente olhar nos olhos detonaria muros e cercas, derreteria fortes, transbordaria mananciais, floresceria desertos. Quem sabe antes da morte, pensava eu, se tivermos sorte de uma morte mais lenta com chance de despedida.

Hoje, mais perto da quarta década do que jamais estive, me despi das amarras de julgamento e culpa, e assumi minha própria parcela de responsabilidade. Tenho tentado não deixar brechas para acusá-los dos infortúnios, enxergá-los para além dos olhos da criança ferida que um dia fui. Recebi da idade a graça de me surpreender com o fato de que as pessoas mudam. Quando mais jovem, em uma vida pretensiosamente sábia, eu acreditava que as mudanças só abençoavam aqueles que se dispunham a grandes tragédias. Em meu núcleo familiar mais próximo, porém, a mudança aconteceu no andar lento e torto do tempo. Um dia depois do outro as pessoas foram amadurecendo e tudo ficou mais fácil e bonito. Constituímos família para além dos nomes e sobrenomes – sem tentar replicar o tradicionalismo das mesas fartas do domingo, das conversas jogadas fora, da cumplicidades do clã, dos acordos conservadores de manutenção das tradições patriarcais. Isso nunca tivemos, e ainda bem. Amor, lá em casa, era sobre deixar livre para ser. Na individualidade do afastamento compreendemos as nossas afecções. Para além dos dogmatismos e regras de conduta, para além das distâncias seguras, semeamos corajosamente o que na verdade havia faltado a todos nós: o apreço.

As rugas neles e agora em mim, os cabelos brancos neles e agora em mim, o coração rígido neles e agora em mim, o medo de chegar perto neles e agora em mim, o desejo de recomeçar neles, e agora em mim. Tem sido cada vez menos assim. Junto a meus pais, indivíduos tão distintos, aprendi a me relacionar degustando das nuances mais oblíquas, povoando rotinas apressadas e distraídas com doses de vulnerabilidade, tempos dilatados, carinhos que escapam à expressão. Mais cheiro, mais tato, mais colo, mais olhares que se enxergam bem dentro, memórias que se tecem pelos fios da vida. Mergulhar no outro exigiu, acima de tudo, coragem. Coragem essa que só a insistente passagem do tempo nos ensinou a ter insaturada. Seguimos abandonando o medo do rechaço em nossas intenções de amar.

Minha herança de afetos inclui ainda uma avó, Olga. Conheci pouco dela. Quando eu estava apta a conhecer alguém pelos meus próprios discernimentos ela se tornou vegetativa, deitada muda e imóvel sobre uma cama por uns seis ou oito anos. No embaraço de minhas memórias e entendimentos sobre quem era essa mulher, uma lembrança me acompanha: ofereci a ela um salgadinho, daqueles de pacote, feitos de glutamato monossódico. Ela respondeu positivamente em aceite, com um balanço de cabeça e um murmúrio. De bom grado me inclinei sobre seu corpo alcançando o isopor colorido em sua boca. Grosseiramente, a velha me tomou o alimento da mão, o levou até sua boca e reclamou: "Me dê isso aqui, não quero depender de ninguém!" As outras memórias que tenho remontam momentos quando já não era mais possível a ela nem ao menos gestos de simples vontade. Ali ela ficou, por muitos anos, aprendendo a depender de outros para seguir existindo. Mulher forte, amansada pela vida até o fim de seus dias. Ela teve mesmo que aprender a descansar para não morrer achando que a vida fosse apenas muito trabalho. Foi assim que escolhi justificar a tão severa punição que deixa uma velha de coração devoto batendo torto durante tanto tempo sob uma cama de vida vazia.

Dona Olga era tida como a Madre Tereza de Bambuí, uma pequena cidade do interior de Minas, provinciana e católica, que a atribuía qualidades de beata por sua dedicação às questões sociais e à família. Rezas, longas saias de linho e camisas de algodão com botões fechados até o pescoço. Além de criar mais de meia dúzia de filhos enquanto viúva de dois maridos, criou crianças em situação de vulnerabilidade sobre o berço de um projeto social chamado "rocinha". Foi uma das pouquíssimas mulheres de sua época a entrar na universidade e sustentou sua vida e a de outras tantas pessoas como farmacêutica da cidade. Dizem que Dona Olga, ao invés de vender remédios àqueles que chegavam à sua farmácia, indicava ervas e chás. Dizem também que detestava desperdícios, bebia restos de cerveja que sobravam no fundo das garrafas mesmo sem beber cerveja, tomava injeções que estavam vencendo no estoque mesmo não estando doente.

É compreensível não se jogar coisas fora por muitas razões: por compreender o privilégio de possuí-las; excesso de controle em finalizar o que foi começado; sacralizar o que existe permitindo que tudo cumpra seu propósito, mesmo que um pouco tarde demais. Juro que queria ter tido a oportunidade de descobrir por mim mesma quais eram suas razões para ser assim. Quando pergunto às pessoas que a conheceram um pouco mais, dizem que ela era mão de vaca, pão-dura, e outros adjetivos um tanto pejorativos e engraçados. Algo me diz que era mais complexo do que isso. De qualquer forma, mineiros se atiram mais para santos do que para comunistas... Para mim, mais do que Madre Teresa, ela era Olga.

Minha outra avó é Marisa. Dona Marisa, rezadeira, com cócegas nos joelhos. Faz santuários de todos os santos possíveis, usa o pouco dinheiro que sobra da aposentadoria para imprimir seus livrinhos de orações e distribuí-los por aí. Saias longas coloridas e rodadas, oratórios, estandartes, retalhos, bordados, rendas, fuxicos, anjos da guarda, padroeiros, manga, jabuticaba e roseiras, canto agudo e rouco de quem quer ser passarinha mesmo quando está em uma gaiola. Ainda hoje recebo dela orações em cartas postais, escritas à mão, com cheiro de casa de vó. Ainda bem que não fizeram para ela um e-mail. Acho que dessa eu herdei, entre outras tantas, a ideia de que o problema do mundo é a falta de amor nos corações humanos. Enquanto uma avó foi a primeira a ir para universidade, essa foi a primeira a se divorciar na cidade. Aquela mesma cidade onde morava a outra avó: provinciana, patriarcal e machista, misógina e racista – se é que me permitem a liberdade de ser menos romântica com os encantos interioranos de Minas Gerais. Um escândalo! Minha mãe conta que sua presença começou a ser questionada nos encontros sociais, festas, clubes, casas de amigas. Por alguma razão, que também desconheço, a família toda se separou depois do divórcio, não só pai e mãe, mas "um irmão para cada lado", contam com pesar. Parece que algumas feridas não saram mesmo não – diria minha mãe. Talvez minha vó tenha se mudado de cidade para protegê-los do escárnio, do *bullying*, numa época em que isso nem nome tinha e crueldade era tida enquanto assunto de criança. Talvez tenha separado os filhos por não conseguir manter financeiramente a família, ou porque precisava se recompor dos traumas do violento casamento. Talvez só precisasse de espaço para desajuntar do odor de álcool que recendia os poros de meu avô.

Talvez eu nunca conheça ao certo o que está por trás de cada fato, dos boatos, ou mesmo das memórias que compõem a história de meus antepassados, mas dia desses minha avó me disse que eu nunca deveria ir dormir com pendências com meu marido, que nunca deveríamos levar as brigas para os sonhos. Achei esse conselho sábio, e percebi que de certa maneira ela ainda refletia sobre como poderia ter feito dar certo com o falecido ex-marido. Com tom de quem assume culpa, me contou arrependida por ter se separado. Eu, feminista, com uma lista de relacionamentos arrasados por razões bem menores do que as dela, tentei convencê-la de que seria absurdo ela se sentir culpada por não ter sido conivente com agressões, maus-tratos e abusos. Ela me disse que se sente culpada e pronto. É, parece que algumas feridas não saram mesmo não – diria minha vó.

Nininha era minha vó preta. Umas tetas grandes e caídas, a enorme barriga murcha e a boca sem dentes. Tudo nela era macio e beirava a materialidade. De todos os adultos que me demandavam fazer coisas de não-criança, ela era a única a qual eu obedecia de bom grado. Até fingia me interessar por suas orquídeas e couves. Cada planta era apresentada e referenciada com uma calma que não pertencia ao meu mundo urgente de coisas mais barulhentas a se fazer. Mesmo assim, torta, apoiando meu peso magro nas suas ancas grossas e mãos calejadas, eu resistia a escutar sobre cada uma delas. A que brotou, a que morreu, a que ainda precisava de mais adubo, a que era pra ser uma mas veio outra, a que a lagarta mexeu. No fim, eu ganhava carinho e comida: gemada, rosca, pão sovado na frigideira. Aos nove anos de idade já tínhamos a mesma altura, e eu a negava pegar-me no colo. A danada insistia como se fosse meu crescimento o maior do seu sofrer. Mal sabia eu o que de sofrimento aquele corpo preto devia guardar. Mal sabia eu o que de sofrimento aquele corpo preso devia levar. Eu sempre achei que ela fosse da família e sempre acreditei no seu poder extraordinário de sublimação – tudo nela virava amor.

Se um dia quis ver minhas próprias orquídeas e couves crescerem, se um dia abandonei quase tudo que eu tinha por uma terra fértil e fresca, se um dia chorei ao ouvir Milton Nascimento, ou se um dia me entendi antirracista, rezei o Rosário e fiz novena para Nossa Senhora... Tudo isso foi *bênça* de Nininha. Certamente foi ela a maior referência de afeto que tive em minha infância. Morreu sem sabermos quantos anos ela realmente tinha. Mais de cem, isso é certo. Infinita, mais certo ainda.

Da minha infância, não me lembro de muita coisa. Me lembro de aos oito anos participar de um evento na escolinha de natação. Só uma gincana, mas ainda hoje me pergunto sobre quanta contradição existe em ensinar crianças a competir. Chamaram meu nome ao microfone e fui tomada por intenso pânico: medo de ser vista, de perder ou ganhar, de ser sujeitada a fracassar. Me agarrei às pernas de minha mãe sem nadinha de coragem. Ela me disse que tudo bem se eu não fosse, que a decisão era somente minha, mas que se eu desistisse talvez me arrependesse. "As oportunidades são assim", disse ela. "Pode ser que nunca se apresente novamente, certamente não dessa forma, não como nesse momento tão singular." Rebusquei as palavras para dar um tom profético, mas foi algo do tipo. Naquele dia, me joguei na piscina e sigo me jogando, sempre com a sensação rara e aflita de que pode ser a última chance. A agradeço e a culpo por isso.

Aos nove anos, minha família se mudou para o interior de Minas, onde experimentei ser uma estranha pela primeira vez. Era preciso garantir ali a normalidade dos mundos conhecidos, tidos como garantidos. Naquela pequena cidade interiorana, o estranho, mesmo vindo de uma criança, parecia ser desestabilizador. Ao mesmo tempo em que eu causava interesse e curiosidade, despertava também inveja e inimizade. As relações carregavam certa tensão e desde então me oscilam entre fechar-me como folha de dormideira ou exibir-me arreganhada em meus encantos, sem nunca saber em exato a melhor dose de cada coisa.

Aos dez, todas as meninas da escola iam à igreja para o catecismo. Fui também, mas em passinhos apressados saí já antes que a primeira aula terminasse. Chego em casa ofegante, dizendo à minha mãe que nunca mais me fizesse voltar e que daria um chilique caso me obrigassem. Ali tive a sensação de que ela se orgulhava de minha inadequação. Permitiu que eu não mais fosse, e isso em nada tem a ver com a ameaça do chilique. Me avisou que eu teria que arcar com as consequências, não poderia nem batizar meus filhos e nem me casar na igreja, se não fosse catequizada. Preferi abdicar a "tudo isso" a seguir lidando com o cinismo da professora. A tia da catequese não me passava confiança. Cada vez que ela falava o nome LOrena, dava uma piscadela e um estalo de língua, como quem tenta selar algum tipo de contrato. Era o suficiente para que me arrebatasse o urgente desatino de sair correndo da igreja. Passei muitos anos, entretanto, querendo comer a hóstia. Quase um fetiche. Um dia ainda degusto com minha saliva o corpo de Jesus, e talvez brinque com ele dentro da minha boca molhada, sem culpa por não ser legitimamente católica. Certeza que ele vai compreender e se sentir deliciosamente devorado também.

Outros eram meus templos. Em todos eles, arrancava meus sapatos, deixava a vida do lado de fora e pedia licença antes de entrar: o salão de yoga, as rodas de capoeira, as aulas de flauta. Foram estes os cenários onde comecei a elaborar lembranças mais contornadas. Parece que minha vida começou já com uma certa idade, demorou até que eu me entendesse por gente. Até então havia em mim um distanciamento de observador desatento, acho que por consequência do estranhamento ao meu próprio corpo. Eu não tinha um corpo, portanto vivia o corpo dos outros: a barba espinhenta de meu pai e suas veias saltadas nas mãos, a gordura espessa e macia no antebraço de minha mãe, as recentes espinhas na cetinosa pele de minha irmã, as costelas aparentes de meu irmão, as pelancas de minha avó, as tetas caídas sobre o umbigo de Nininha. Demorou até que eu encarnasse.

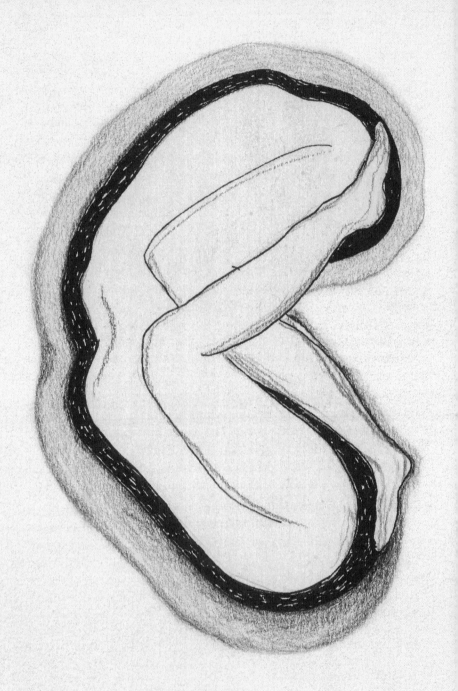

corpo-amuleto

Minha professora de flauta tinha um sorriso de lado que derramava uma doçura encantadora. Segundo minha mãe, sua boca torta era de tanto tocar a transversal. Parece ter sido ela a primeira pessoa a dizer que eu era suficientemente boa em alguma coisa. Eu me surpreendia com o quanto ela gostava até de minhas esquisitices: nunca a vi rir tanto quanto no dia em que descobriu, depois de anos de estudo no conservatório, que eu fingia ler as partituras enquanto as tocava de ouvido. Da cicatriz enorme que carrego na coxa esquerda, ela dizia que Deus havia me marcado pra não me perder de vista. Toda vez que perco Deus de vista, essa lembrança me retorna. Sua filha primogênita carrega hoje o meu nome, e eu ainda carrego a flauta como amante insatisfeita, exigente e sedutora.

Na capoeira pude, da ginga na roda que se leva pra vida, vislumbrar desde cedo a importância de carregar na força, a humildade. Ter aprendido a cair foi essencial para que eu seguisse me reerguendo, e dançar enquanto lutava me ensinou um tanto sobre o poder da subversão clandestina e tácita.

Conheci o yoga aos treze. Durante uma prática de Savasana – postura de relaxamento que parece das mais simples, mas pode levar ao inferno diante da resistência à presença relaxada e entregue – experimentei uma estranha flutuação e dormência, uma expansão a partir do centro do peito em sensações que me geraram qualquer coisa entre êxtase e pânico. Voltei a mim pelo comando de um toque suave sobre a pele. Minha professora me mirava de perto, com um ar de curiosidade. "Como foi sair do corpo?", insinuou. Foi também ali, naquele salão, sob os olhos de testemunho dessa mesma mulher, que tive meu primeiro orgasmo. Inspirando e expirando, movendo o quadril, contraindo e soltando o assoalho pélvico, relaxando a garganta... Comecei a sentir a vulva úmida em rápidos espasmos, os pelos se despertando até o último fio de cabelo, o abdômen côncavo se projetando involuntariamente em direção à espinha. Calor, prazer, vibração, desde a medula dos ossos, da base da coluna ao topo da cabeça, em uma intensa descarga elétrica. Só depois de algum tempo soube nomear o arrebatamento enquanto gozo.

Eu passava os dias dessa minha primeira juventude com uma amiga que havia perdido os cuidados de sua mãe muito cedo, e também não sabia quem era seu pai. Ela cheirava os corretivos do estojo, tinha cabeça raspada, fazia uns bicos como modelo e aparentava ser uns cinco anos mais velha, o que gerava benefícios e também prejuízos. Agia como se não tivesse nada nem ninguém a perder – e talvez não tivesse mesmo.

Criamos um rito iniciático que incluía cortar a ponta do dedo indicador e fazer pactos de sangue para a constituição de um clã, que se dedicava ao estudo do ocultismo e dos mistérios do neopaganismo Wicca – pelo menos era assim que costumávamos nos explicar. Sempre buscamos encontrar outras meninas para se aliarem à nossa sociedade secreta, mas isso nunca aconteceu. Debatíamos sobre a falta de aptidão das pessoas em enxergar que nada é o que parece ser, levando o assunto de sermos bruxas solitárias realmente a sério. Meu convívio social estreito, resumido a eu-e-ela, me protegia dos assombros da necessidade de ser aceita e da fatalidade de ser socialmente rejeitada. Nos bastávamos.

Trocávamos palavras de cumplicidade em papéis de carta com as bordas queimadas e cheiro de incenso, à semelhança de velhos pergaminhos. Na natureza remontávamos ritos e tradições originárias que até hoje não sei se realmente existiam ou se as inventávamos. Brincávamos de comunicar com espíritos e elementais, de ativar chakras, equilibrar centros de energia do corpo, adivinhar a cor da aura das pessoas. Experimentávamos técnicas de projeção astral para alcançar estados alterados de consciência. Quando começamos a perceber a existência dos meninos, fazíamos magia para que eles se apaixonassem e nunca queríamos seguir adiante, somente para experimentar nosso poder de conquista através da bruxaria. Testemunhávamos com certa normalidade algumas tantas estranhas manifestações.

Caldeirões, elfos, anjos, cristais, oráculos, velas e amuletos. Entre fantasia e sensibilidade aguçada, era essa a bolha a qual vivíamos, numa ingenuidade doce, caminhando entre mundos e investigando do que éramos feitas. Até que sangrei.

Minha amiga se mudou de cidade, minha professora de yoga também, as calças brancas da capoeira já não pareciam mais para mim e deixei uma carta à professora de flauta, agradecendo e me despedindo. A realidade foi se mostrando cada vez mais diferente daquela que eu carregava dentro. Crescer me acarretava grandes mudanças e passei a sentir medo, dúvida e ansiedade. Meu corpo estava florescendo, minha sexualidade despertando, as flutuações de minha ciclicidade me deixavam um tanto zonza. A vida pedia que eu me tornasse algo que eu não era capaz de ser, que eu desse algo que não poderia entregar. Ainda assim, as questões que me emergiam e transpassavam não tinham valor algum no mundo urgente. Absorventes, pílulas anticoncepcionais, analgésicos. Crescer era então atuar como se nada ali dentro estivesse acontecendo.

Aos quatorze não conseguia dormir sozinha em meu quarto, com medo do que a minha mediunidade poderia me fazer enxergar. O escuro abrigava meus maiores pesadelos, que foram se manifestando em visões, vozes, ruídos, sensações que eu já não era mais capaz de integrar. Eu era apenas uma adolescente, não tinha repertório para lidar com a minha desperta e bruta sensoriedade.

Cheguei a tentar novas amizades, mas me abrir em confiança ao afeto de outras meninas foi repetidamente uma experiência de desgaste entre maledicência, desrespeito, fofocas e discórdias. Depois de quase duas décadas sem contato, busquei por algumas delas a questionar certos porquês, para desatar alguns nós na garganta, no coração e na linha do tempo. Nenhuma soube nomear qualquer coisa além de apreciação e carinho, "saudades daquele tempo". O que antes eu pensava ser um injustificável requinte de crueldade, se mostrou como mais uma das tantas dimensões sutis que a opressão de gênero atua e reproduz. Levou anos para que eu pudesse compreender as manobras patriarcais de degradação da sociabilidade feminina, compreender as pequenas e grandes revoluções que essas coesas relações comunais seriam capazes de instaurar. Levou anos para que eu pudesse e quisesse confiar novamente nas mulheres.

Passei a frequentar de centro espírita a consultórios psi, mas nada me fazia voltar a dormir ou acordar em paz. Abandonei a magia por não saber mais como lidar com o invisível, e de bom grado me ofereci à captura da homogeneização. Eu me "tornava mulher" e sangrar era qualquer coisa de deixar para trás a minha menina. Esforcei-me em me tornar aquilo que – diziam que – uma mulher deveria ser: passei a usar sutiã de bojo para aumentar o decote, enormes brincos de argola que me inflamavam as orelhas e causavam enxaquecas, treinei o salto alto dentro de casa para garantir boas performances nos bailinhos. Para participar da ideia de diversão, aumentei gradualmente minha resistência ao álcool e para alcançar o *status* de uma normopata exitosa, passei a namorar o menino mais popular da cidade. Nunca mais, prometi a mim mesma, me reportaria aos anjos, e talvez assim, os demônios me deixariam em paz – essa era a estratégia. Eu me sentia tão confortável em ser anestesiada e alienada, que nada parecia me fazer voltar atrás. Saí da terapia, do centro espírita, dos moletons e da modéstia, e fui investir em meus novos ideais: ser bem-sucedida, popular e gostosa.

Aos quinze implorei a oportunidade de uma viagem internacional como presente de aniversário. Eu passaria um mês na Califórnia e gastaria somente a passagem, prometi ingenuamente. Mesmo sem condições financeiras para suportar essa decisão, meus pais optaram por investir no que seria a minha primeira e última viagem financiada por eles. Dizia minha mãe que "o bichinho da vontade de viajar" iria me picar e que depois disso eu seguiria autônoma empreendendo minhas caminhadas além-mar. Mochilar era coisa que ela mais desejava, mas não fez. Sobre meu destino fatídico estava certa afinal. O tal bicho me picou, me fez sua refém, eu nunca mais pude me livrar desse mal. Perdi – ou ganhei? – quase tudo em minha vida por conta dessa doença que ainda me assola. Nada pôde nunca mais ser igual. Ao retornar da viagem comecei a trabalhar e "juntar meu dinheirinho" para bancar as próximas aventuras. Invoquei minha vocação para agenciadora e palhaça e montei uma empresa de animação de festas infantis. De quebra ainda ganhava bolo, salgadinho e refrigerante para a alegria dos fins de semana de labuta.

Fui embora aos dezessete. Era necessário me afastar de minha família, era urgente sair daquela cidade pequena, na qual eu nunca coube. Entrei na faculdade de turismo e hotelaria. Ficou acordado que eu dividiria um apartamento emprestado com outras três pessoas, que meus pais bancariam 400 reais por mês, e que o resto eu teria que dar conta. Achei um ótimo acordo.

Logo percebi que minhas condições eram diferentes do modo de vida das meninas que estudavam comigo, o que de início me gerou certa resignação constrangida. Junto à entrada na universidade, elas ganhavam um pacote-privilégio: boas mesadas, carro, indicações a bons empregos. A maioria já havia feito intercâmbio e falava fluentemente mais de uma língua, enquanto eu era um tanto disléxica no português.

Esforcei-me para fazer parte, mas logo percebi que seria inútil, e improdutivo. Tudo ali parecia girar em torno da exibição, em desfiles de atributos de uma vida pretensiosamente adulta. Boa parte do tempo seria dedicada a procurar figuras valorizadas para identificação, e a sair para a rua à cata dos apetrechos necessários à sua reprodução. Consumir seria parte das obrigações, o que, diga-se de passagem, deveria cumprir-se com o maior prazer. O sucesso da performance, a vontade narcísica de reconhecimento, as encantadoras salas de espelhos... Este era o universo ao redor do qual a realidade se instaurava.

Minhas colegas gastavam seus dias curando ressacas como se não houvesse amanhã. A embriaguez e as anestesias eram as maiores das rebeldias. Compreendi que o futuro ali marcava nada mais do que a repetição das mesmas simulações familiares já obsoletas: se formar, trabalhar, ganhar dinheiro, casar, ter filhos, aposentar, morrer. Bem-comportadas, nunca sairiam realmente da linha, nunca se desviariam do programa traçado para o próprio destino.

Foi ficando claro que adequar-me àquele mundo distinto era sobre tornar-se sempre igual a si mesma, era sobre manter-se fechada em identidades fabricadas e estancadas. Sentir-me diferente me fez enfim querer ser diferente.

Comer macarrão instantâneo com requeijão e pão de sal com manteiga em três refeições ao dia era o ápice das minhas conquistas. Segui assim por anos: quanto mais desafiante, mais orgulhosa eu me tornava de mim. Saía de casa para trabalhar antes do dia clarear, voltava da faculdade quando já havia passado da hora de dormir. Na fresta do almoço me enfiava no cursinho de inglês. Escolhia sempre os trabalhos que me oferecessem melhor oportunidade de aprendizagem e pensava planos de carreira construindo competências necessárias para a possibilidade de crescimento profissional. Estes eram, claramente, os que pior remuneravam. Me arriscava como recepcionista, assistente de reservas, *hostess*, garçonete, camareira, técnica de manutenção, e tudo o que fosse possível dentro de um hotel. Faltava aula às quartas para as sessões com desconto do Cine Belas Artes, estudava como bolsista de iniciação científica para desafogar as contas, e quando em tempo, sentava num boteco copo-sujo para ludibriar o resto de vida que sobrava.

Anunciaram a seleção para estágio internacional em Orlando, na Disney. Eu havia apenas começado a frequentar aulas de inglês e não poderia contar com ajuda familiar, cartucho gasto com a primeira e última viagem, aquela aos quinze. Colei na prova textual de proficiência e treinei até decorar as respostas para a entrevista. Fiz o recrutador rir das minhas piadas ensaiadas como se fossem espontâneas – resquício dos anos anteriores de palhaçaria, que como tudo em minha vida, eu reaproveitava sob distintos contextos. Me contrataram. Caíram no meu golpe, pensei, na primeira das minhas muitas oscilações entre a potência de subverter o sistema e a boa e velha síndrome da impostora. Peguei dinheiro emprestado para pagar a passagem, umas roupas de frio com promessas de devolução em perfeito estado, e fui. Destino sarcástico, me fez quebrar o pé direito na segunda semana de trabalho. Aprendi a falar inglês visitando hospitais à procura da cura para um ligamento rompido e em poucos dias já estava de volta à rotina de doze horas diárias de pé, para garantir o aluguel e cumprir a promessa de pagamento pela passagem aérea. Liberdade, autorresponsabilidade e disciplina, mesmo diante dos infortúnios, nunca deixou de ser a tríade de sustentação de uma vida confessamente vivida. Meu pé até hoje é torto mesmo que as sessões de fisioterapia tenham tomado grande parte de minhas horas e finanças no retorno para casa. Antes viver os sonhos do que debruçar-me sobre irrealidades.

Pouco depois do retorno ao Brasil, ouvi falar de uma agência que levava estudantes de hotelaria à França para estágios em uma renomada rede de hotéis. Depois de muitas viagens de lotação em olhar vago pensando em como lidar com o valor descabido do processo de intercâmbio, achei que seria uma boa ideia me filiar a eles e divulgar a proposta da viagem para outras faculdades de hotelaria, em troca da minha oportunidade. Estava mais para aliciamento do que para inscrição, mas eles toparam. Passei algumas semanas mapeando as universidades e visitando as salas de aula para apresentação do projeto, consegui alunos interessados, fiz das tripas passagem aérea, montei uma bagagem com 32 quilos de apegos e me mudei para a França.

Não tínhamos a chance de escolher a localidade para qual seríamos enviados. Assim, fui parar em um hotel de luxo no nordeste do país, com fronteira com a Alemanha, entranhada na floresta dos Vosges. Minha casa era um chalé de madeira com o mínimo necessário. Eu não tinha televisão, a internet não pegava bem, não havia distrações para além do próprio trabalho, que ocupava uma carga de tempo extraordinária da minha rotina diária. Claramente, as pessoas ali achavam que minha vida não era digna de ser bem utilizada, se não fosse para servi-los. Cheguei sem falar uma só palavra daquele dialeto alemão-francês alsaciano e para minha surpresa e desespero, as pessoas ali não falavam inglês, o que mudou drasticamente minha possibilidade de simples adequação.

Eu estava distante da vila mais próxima, uma cidadezinha do interior com uma população média acima de sessenta anos. Ainda jovem, eu pensava que qualquer pessoa acima dos cinquenta anos era velha. Os jardins da cidade eram o orgulho de seus moradores, tão pacatos como eles, exibiam flores milimetricamente distribuídas em seus jardins, junto a um lago com cisnes brancos, circulada por montanhas que mudavam de cor no decorrer das estações. Um cenário bucólico, ou *bucolique*, palavra que aprendi na época pela falta de vocabulário em expressar quando um lugar é bonito e chato ao mesmo tempo. Para uma mocinha que completava seus vinte anos sem arrependimentos, eram esses os piores lugares. Era possível, junto ao ar fresco da montanha, sentir o cheiro de mofo daquele provincianismo todo.

Além das intermináveis horas de trabalho, que faziam meus pés doerem desde o primeiro toque no chão pela manhã, eu passava o restante do tempo esmiuçando o dicionário francês-português. Remontei minha técnica infalível de aprendizagem para incorporação de novos idiomas em uma velocidade miraculosa, desenvolvida em minha primeira fluência forçada nos Estados Unidos. Eu deveria obviamente patentear a técnica, de tão eficiente, mas não sei ao certo se a criei, se me contaram, ou se li a respeito. Sei que não tem a menor comprovação científica ou embasamento teórico, mas consistia em oferecer à mente um estímulo constante, e gradualmente mais espaçado, daquilo que precisava ser memorizado. Ou seja, eu anotava toscamente quinze palavras por dia em minhas mãos – aproveitando ainda para trabalhar um outro hemisfério do cérebro, escrevendo com a mão esquerda, na direita –, e as lia a cada minuto, depois a cada cinco minutos, quinze minutos, meia hora, uma hora, de tempos em tempos. Até a caneta apagar eu já tinha quinze novas palavras em meu vocabulário. Era um pouco estranho trabalhar em um restaurante de luxo, servindo vinhos que custavam mais euros que meu salário, com as mãos rabiscadas. A técnica teve um resultado tão positivo que meu chefe admitiu que eu seguisse adiante na minha esquisitice.

A cave inferior era meu refúgio de sonhos adormecidos, que empoeiravam no escuro subterrâneo junto àqueles vinhos raros. Serge, um velho aposentado que já não precisava mais trabalhar, era meu guia predileto para o passeio à tal adega. Ninguém gostava de ficar na equipe dele, pois, segundo os jovens apressados, ele era devagar demais. Serge era, certamente, o único ali que exercia por amor a profissão, e era o meu preferido. Cada vez que descíamos à cave para atender a um pedido especial, ele me deixava subir as estreitas escadas de pedra com a garrafa adormecida, acolhida em meus braços, esperando o momento de o nobre despertar para oferecer ao mundo sua pulsão de vida latente. Ele era o único a me permitir fazê-lo. Eu levava a missão com a responsabilidade de quem carregava um bem preciosíssimo, cheia de orgulho. "Carregue-a como a um bebê", dizia ele.

Eu gostava de assisti-lo abrir a garrafa, primeiro apresentando-a, tirando sua roupa delicadamente, sacando a rolha sem que nenhum ruído emanasse daqueles gestos tão sutis. Servia, girando a garrafa para que ela absorvesse a última gota, entre o gargalo e a taça, nela mesma. Compartilhávamos da poesia em observar a expressão de quem primeiro degustava o vinho, o tempo se dilatava e tudo ocorria, aos nossos olhos, como em câmera lenta. Cada um tem sua forma de reconhecer um vinho e se reconhecer junto a ele. Isso diz muito sobre o sujeito e sua sexualidade, sua maneira de degustar também o corpo de outrem. Desenvolvi algumas teorias a respeito depois de um tempo vivendo na França entre amantes e *grand crus*.

Existem regras significativas a respeito de quem escolhe os vinhos e de quem os degusta. Aos homens é geralmente dada a fala no momento dos pedidos. Alguns desses homens, entretanto, repassam às mulheres a função de degustar o vinho de antemão. Para fazê-lo, precisavam interromper os movimentos de quem servia, para sinalizar a mudança dos automatismos e apontar para a taça da acompanhante. Me parecia sempre um gesto de confiança e gentileza. Era como sair de bom grado dos papéis impostos, abrir mão dos privilégios e dizer "eu assumo que você é melhor do que eu" ou "eu permito que você seja melhor do que eu", ou "eu não quero competir com você", "quero que você saiba que confio em sua decisão", ou "somos iguais", "vá em frente." Durante um tempo eu achei esse o gesto o mais romântico que poderia existir – época em que ainda confundia romantismo com ausência de machismo.

Me pergunto quantas vezes em minha vida, mesmo depois de atuar profissionalmente como *sommelier*, precisei testemunhar homens insistindo em abrir garrafas para mim, de forma bruta e desajeitada, usando aquelas complexas engenhocas saca-rolhas que existem por aí, em um claro desrespeito pela delicadeza de um vinho, só porque, no fundo, se sentiriam humilhados com a minha destreza em manipular um abridor de dois níveis sem girar a garrafa.

Serge era sempre o último a ir embora. Ele gostava de organizar o carrinho de degustação de queijos e fazer o fechamento das garrafas de vinho com o que ele chamava de "devida calma". Mesmo ficando muito mais horas do que desejava dentro daquele restaurante, sempre que podia eu o acompanhava em seu rito: raspávamos os resquícios dos queijos grudados nos pratos do *charriot* antes de substituí-los por novos e tomávamos os vinhos que sobravam nas garrafas. Serge seguidamente me fazia buscar o mapa da França para mostrar de onde cada um deles vinha. Eu sempre ia dormir mais feliz nesses dias.

Eu era um tanto desastrada – talvez ainda seja – e enquanto garçonete em restaurantes de luxo, comecei a colecionar muitas das minhas memórias tragicômicas. Numa dessas, terminei com o corpo estendido no chão de veludo, junto às bandejas de prata e taças de Martini, em cacos. Taças essas recheadas com creme de aspargos tão verdes quanto um tapete de veludo pode ser vermelho. Tudo porque, ao invés de esperar a porta automática abrir, tentei correr antes que ela fechasse. Acreditava eu – talvez ainda acredite – que poderia ser suficientemente esperta para driblar as incoerências do tempo. Eu achava graça, o restante do *staff* não.

Era um ambiente estressante, onde uma funcionária quebrar no murro uma tigela de vidro, num ataque de nervos, era considerado comum. Essa era Floriane, que logo após o incidente se mudou para meu chalé. Carregando os curativos na mão e a pouca paciência, passou a dividir a casa comigo. Era uma das pessoas mais estranhas que conheci na vida. Através de uma masculinidade exagerada e caricata, cada um dos seus gestos explicitavam, em um murmurar de revolta, o quanto ela estava descontente e insatisfeita em existir, quanta raiva sentia do mundo. Ela tinha os dentes malcuidados, mais do que a maioria dos europeus, portanto, entre outras razões, não sorria. Usava bandanas na cabeça e, às vezes, as amarrava na perna sobre a calça jeans rasgada. Seu tênis tinha cadarços de cores diferentes e desenhos, como de uma adolescente rebelde entediada com uma caneta esquecida na mão. Acho que ela raramente lavava os cabelos, para não dizer quase nunca. A sujeira depositada na raiz oleosa evidenciava a qualidade de seus pensamentos e a óbvia confusão mental que acontecia ali dentro. Ela falava pouco, fumava muito, sempre com a testa franzida. Nunca sentia frio, ou quando sentia, perceptível pela mão gelada e o nariz vermelho, não demonstrava. Não se rendia a nenhum tipo de fraqueza.

Eu chegava a me sentir mal por me sentir bem. Cheguei a agradecer à minha mãe pelos 327 aparelhos que tive que usar na adolescência e por todas as vezes que ela me arrancou para fora dos cobertores em meu ninho de sonhos doces no terceiro sono, só para escovar os dentes. Era desconcertante as vantagens que eu carregava em ser quem eu era: o sorriso fácil e o corpo solto, quase exótica com minha pele morena no meio de uma legião de branquelos-leite-azedo. Mesmo sem falar francês eu me comunicava mais do que ela. Nós nos observávamos como dois animaizinhos curiosos, buscando compreender o que significaria habitar um mesmo território.

Com o tempo, fui demonstrando a ela, com gentileza, que o meu incômodo era muito mais um medo de incomodá-la, de que se sentisse mal consigo mesma por eu me sentir bem comigo. Fui demonstrando meu interesse em conhecer o que havia por trás daquela carapuça que ela encarnava, e ela se tornou um anjo da guarda em minha vida, minha melhor amiga. Floriane se tornou Fleur, uma flor a desabrochar. Com o tempo ela começou a sorrir, e com um pouco mais de tempo, passou a não tapar mais a boca enquanto sorria. Com os anos a gargalhada dela conseguia ser mais alta do que a minha. Ela foi a primeira pessoa com quem eu não me sentia desconfortável por não ter nada a dizer. O silêncio se tornou um terceiro integrante de nossa amizade. Floriane era francesa, vinda de uma outra vila *bucolique* no interior da França. O excesso de limites e moralismos impostos por sua provinciana cidade de origem, junto a uma educação agressiva por pais frios e distantes, fez com que ela criasse seu próprio personagem fora de enredo, que foi aos poucos se revelando em tantas outras interessantes nuances.

Ao lado de Fleur comecei a refazer os acordos de paz com o tempo, mais consciente da decisão sobre como usá-lo. Se antes eu desperdiçava meus dias assistindo televisão, estudando assuntos que não me geravam real interesse, em encontros sociais vazios de sentido, fazendo planos ambiciosos para um tal futuro, lutando e me esforçando por conquistas que nunca seriam suficientes, aquela montanha, e a falta de opção sobre o que fazer, nos ensinou a escolher melhor onde colocar a nossa atenção.

Já com um vocabulário básico depois das tantas rabiscadas na mão, Fleur passou a me ensinar francês por meio da música: ela escolhia aquelas que eu possivelmente gostaria, mandava imprimir e colocava para que eu escutasse a pronúncia. Essa se tornou então minha segunda técnica de aprendizagem de línguas, muito mais divertida e bem menos desajeitada do que a primeira. Dalí, além de aprender a letra da música, ela começou a me ensinar também a tocar violão. Em algumas semanas eu já arriscava Édith Piaf em um francês de sotaque exagerado notas simplificadas.

Sempre que possível, nos aventurávamos em viagens rápidas pela região. Fleur arrumava uns amigos estranhos, que tinham os carros mais velhos e nos levavam aos lugares mais extraordinários. Quando não, tentávamos a estrada. Aprendi com ela um sistema básico de caronas, que incluía assobios estridentes em casos de urgência. Nossos roteiros incluíam catedrais antigas, museus, livrarias, algum tipo de *trekking* e piqueniques. Quando Fleur por alguma razão não estava disponível, eu ia sozinha, o que me permitiu descobrir minha paixão pela deriva solitária.

Começamos a investir nossos pequenos salários em livros, materiais de pintura, e desenho. Cada uma tinha seu diário customizado para todas as coisas que quiséssemos integrar, dar nome ou coletar na memória – a capa do dela era feita da bandana vermelha que antes enfeitava seu personagem, já em desuso, ao estilo Axl Rose. A minha era um degradê de folhas secas que iam do verde ao marrom, passando pelo vermelho, amarelo e alaranjado. Gosto tanto do outono que nunca imaginei que viveria por tanto tempo entre trópicos.

Uma coleção de livros nasceu de minhas caminhadas sem rumo pelos corredores da Fnac me perguntando "que assunto me interessa?" A primeira vez que me respondi a essa pergunta comprei *Le thé du Monde* [Chás do mundo], um livro de fotografia que conta a cronologia histórica da *Camellia Sinensis* pelo globo. A segunda vez, levei pra casa um livro sobre vinhos alsacianos: ainda parte da minha mania de viver no futuro, me mantinha fiel à ideia de seguir uma carreira como *sommelier*. Amélie Nothomb se tornou uma das minhas escritoras preferidas e se não fosse por seu *Méthaphysique des Tubes*, este livro aqui não estaria hoje em suas mãos.

Hoje, quinze anos depois de tantas estradas tortas, porões esquecidos e pontes queimadas, minha coleção tem enfim prateleiras para repousar silenciosamente sobre suas próprias memórias. Ainda guardo todos os *pockets* de Amélie, não sou *sommelier* mas sigo degustando a vida com o mesmo cuidado sensível que os vinhos me instauraram, e se eu pudesse ser algo, para além de um ser humano, eu certamente seria um chá.

corpo-exílio

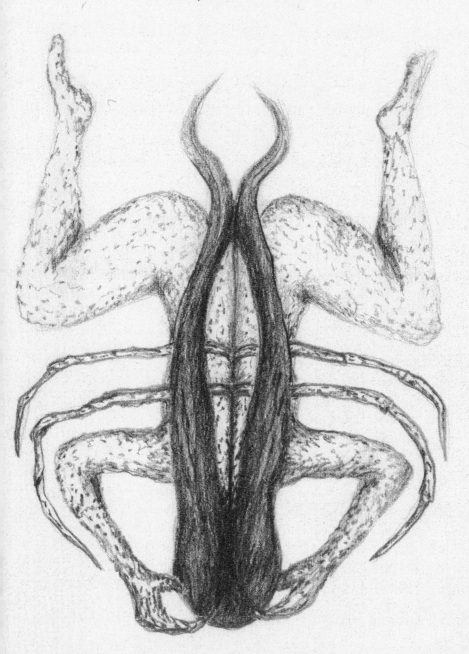

Ao habitar um outro tempo-espaço, parei de me sentir atrasada. Sentava na varanda com a lentidão de quem não teme o retardo, e me dava por conta de estar entre a terra e o céu. Virou hábito inclinar a cabeça e girar o pescoço para o alto, tornando possível estar a par da lua, por horas a desenhar e escrever à luz de velas, e por vezes observando suas chamas, perder o olhar nos contornos de suas sombras. Junto à companhia reveladora da cannabis voltei a enxergar mais do que era possível ver aos olhos físicos.

A floresta dos Vosges, se antes cenário, agora me instigava com algo remoto e antigo – um silêncio que fala. Sons que pareciam compartilhar segredos em um ato de condolência às minhas humanidades. Só com o correr dos meses pude escutá-los. Passei a fazer visitas frequentes à floresta. Primeiro tímida e desencorajada, caminhando à espreita, atenta a qualquer ruído e movimento, pronta para voltar às pressas para a segurança das paredes sólidas. Mas a apreensão foi se transformando em respeito. No alívio de pertencer ao que existe, passei a abraçar árvores, colher cogumelos, fazer mandalas de galhos secos, empilhar pedras. Me deitava sobre o seu chão, olhava as copas balançando no céu, uma ou outra folha caindo, as nuvens caminhando. Muda e contemplativa, só colocava a língua para fora debaixo da chuva. Sentia o cheiro da terra só para reconhecer que ainda éramos as mesmas criaturas de ontem, eu e a floresta. Passei a afrouxar as roupas, a soltar os cabelos, a tirar os sapatos, a entrar um pouco mais, a explorar um pouco mais, sem mais o medo de não saber retornar, sem mais o medo de me perder. Quanto mais eu a adentrava, mais me sentia aguardada em meu retorno ao lar.

Por vezes saía a caminhar enquanto a lua ainda dormia de pé, a treinar as pupilas gastas nas obviedades da vista humana. Saía a caçar estrelas cadentes e sons roucos da noite escura, a ver o sol chegar para tingir o mundo de lá, a deixá-lo acariciar meu rosto de manhã cedinho, na promessa por dias de luz.

A floresta se tornava pouco a pouco o meu recanto, e também uma confidente. Foi a ela que eu passei a entregar o aperto no coração. Sempre que ansiosa, triste ou com raiva, me enfiava entre as árvores. Os olhos compassivos de suas folhagens me permitiam colocar para fora tudo o que estava estancado. Às vezes, eu dançava com um fone de ouvido, às vezes só dançava os ruídos de uma cabeça cansada de mentar. Suava, gargalhava, ria, chorava, gritava. Às vezes eu corria floresta adentro entre pedras e troncos, tropeços e desatinos, como que fugindo de mim, como que correndo de algo que me perseguia incessantemente, como se indo ferozmente em direção àquilo que fosse me salvar a existência, como se escapasse de todo o resto. Por vezes me encolhia, guardando a imensidão do meu mundo de dentro apertado no peito entre testa e joelhos. Como semente chorava somente, e como uma menina à sua mãe, pedia colo. Ela sempre me estendia suas raízes e húmus molhado, me contava mistérios d'outrora. Ali era seguro ser eu mesma.

Memórias esquecidas começaram a surgir de algo que remetia à minha menina – aquela antes de menstruar –, que abria suas cartas de tarô escondida no banheiro das amigas com pais evangélicos, que tinha sempre as mãos sujas de tinta e os cabelos despenteados, que gostava de tocar os pés na terra e que, por onde fosse, esquecia para trás seus sapatos. Agora ela não era mais uma menina de treze, mas uma de vinte, que começava a se entender como mulher e desconfiar que havia outras formas possíveis de crescer, sem se perder de si e daquilo que lhe parece primordial. Era preciso encontrar as pontes entre os mundos de dentro e de fora, ou corajosamente construí-las.

O trabalho passou a fazer cada vez menos sentido. O cenário da soberba e luxúria dos milionários europeus e seus requintes gastronômicos já não mais me impressionavam. Sem nenhum outro motivo justificável além do fato de eu ser mulher e latina, era cada vez mais comum que me humilhassem no ambiente de trabalho. Eu já havia passado por situações de maus-tratos antes, e as levei como comum até compreender que este era um padrão que eu podia – e necessitava – viver sem. O mesmo sobre os assédios, que ali ocorriam por parte dos meus coordenadores, um deles, três vezes a minha idade e marido da proprietária do hotel. Me cansei dos abusos, dos velhos tarados, da rotina extenuante, das pesadas bandejas de prata, das taças de cristal, dos fígados de pato e carpaccios de pombo. Me cansei até mesmo das garrafas entediadas em cofres subterrâneos. Pedi demissão e em negativa recebi a garantia de que fariam de tudo para que meus novos planos dessem errado, incluindo a isso ameaças de cancelamento do meu visto de trabalho e deportação.

Acometida por desassossegos, pareceu-me que só o que me faz sentir me faria sentido. Dei-me conta de que minha sede é daquelas que a água não descansa; que a minha fome, comida não alcança. Só me fartaria mesmo é de alma. A mim não cabia cometer a imprudência de ficar ali por um instante a mais do que deveria, ou meu pé se afundaria dentro e novamente me comprometeria, novamente corresponderia digna e civicamente a me submeter. Não queria deixar o impulso afrouxar, o fogo abrandar ou ver meus sonhos envelhecerem antes de mim. De que adiantaria esperar que a vida me empurrasse aos seus limites, se medo e vontade de viver coabitam o mesmo espaço?

Foi na pulsão da floresta de concretos, nos encantos sensuais da Cidade Luz, que eu decidi seguir me avivando. Peguei uma muda de roupas, os livros e os vinhos, deixei para trás a mala pesada entre outros pesos da consciência, e numa madrugada qualquer, desci quatro quilômetros de montanha na neve monocromática dos Vosges. Sem nenhum aviso, muito menos prévio, fui embora. Durante a caminhada, a velha mala improvisada foi perdendo a alça, e eu, as estribeiras. Muito estava sendo deixado para trás: a menina que meus pais queriam que eu fosse, a moça que diz amém ao mundo, a mulher que segue se deixando domesticar ou vai se moldando ao entorno. A cada passo ilusões foram caindo por terra, despencando junto com meus projetos futuros, meus planos de carreira. Ficavam para trás, também, as minhas justificativas, minhas condolências por mim mesma, minha vitimização – a ideia de culpar os outros pelos meus infortúnios. Adentrei os labirintos de uma existência inventiva, sem os atalhos dos caminhos já abertos e percorridos. Agora a responsabilidade era só minha, se desse certo ou errado, isso não pertencia a mais ninguém além de mim mesma. Eram a um só tempo pavorosas e excitantes as promessas de liberdade.

Não havia planos nem adoção de estratégia alguma, apenas o compromisso de vicejar. Saí sem nada nas mãos, que passavam a estar livres para coletar, em súbito, as surpresas. Muitas das minhas relações com o Brasil já tinham adquirido uma soltura de esquecimento e devido à dificuldade de comunicação, por estar vivendo nas montanhas, não falava nem com a minha família. Esse distanciamento foi essencial para uma necessária desconstrução e uma intensa experimentação. Deslocada, itinerante, eu achei que podia ser quem quer que fosse, e as possibilidades de me tornar pareciam se ampliar a infinitudes, desde que longe do veneno esterilizante das tradições. Para além de mim mesma, das minhas histórias, para além da bússola moral que desenhava meus velhos contornos, eu me sujeitava então a ser em rabiscos, borrões – uma diluição osmótica, que atreve a espalhar-se para fora das linhas rígidas.

Sentada no trem, eu ria e chorava ao mesmo tempo. Como poderia ser possível alegria e dilaceramento coexistirem? Quanto mais perto de Paris, mais adentrava numa nova dimensão de mim mesma. Consolidação e força, no conforto com o caos. A paisagem que corria apressada pela janela do trem talvez justificasse que minha cabeça girasse tonta. Tudo era engolido pela velocidade. Entre pensamentos vacilantes eu tinha, ao menos, abaixo de meus pés, um chão qualquer, mas que eu escolhia pisar sobre. Eu não estava em segurança, mas algo de inefável dentro de mim, sim. As sugestões de possíveis fracassos e catástrofes eram reais e tangíveis: eu não tinha dinheiro além dos poucos euros que consegui guardar do meu salário de estagiária, não tinha onde morar, nem perspectiva de um novo trabalho. Latina, ilegal, desempregada e clandestina. O meu destino era a própria deriva.

Em menos de uma semana da minha chegada, arrumei uma cozinha com cama para morar, num apartamento compartilhado. A janela pivotante com menos de dois palmos exibia ao longe a Torre Eiffel, e apesar de dormir com cheiro de gordura no travesseiro, eu me sentia muito satisfeita pelas frestas de oportunidades que a vida me permitia passar. Consegui um emprego de babá, que me exigia menos de quatro horas de dedicação por dia. Era exatamente o oposto do trabalho e do estilo de vida que eu ambicionava. Baptiste, aos sete, se orgulhava por sua babá brasileira – de sapatos remendados em fita crepe – conseguir ganhar no futebol mesmo quando jogando sozinha contra uma dezena de crianças. Siloé, aos quatro, tinha à sua disposição alguém para se fantasiar e dançar junto. Ali, com as duas crianças, eu não só era convidada a ser autêntica e espontânea, como estimulada a descobrir novas camadas de leveza e alegria que me haviam sido soterradas nas últimas tentativas de me tornar gente grande.

Aprendi o sotaque parisiense, a ler os mapas do transporte público e a reconhecer cada um dos vinte *arrondissements* como as linhas de minha mão. Por falta de dinheiro pulava as catracas do metrô e por vezes dormia em praça pública, quando noite adentro entre festas e encontros perdia o comboio da madrugada. Na Paris de becos e guetos, livrarias, cafés, sotaques e museus, minha vida se resumia a criar espaços de investigação. Tudo me atravessava em sensações vigorosas e distintas. Eu me sentia rendida e atropelada por algo que me mantinha em constante movimento, uma fartura de possibilidades de expressão, como eu nunca antes havia visto: ofertas e mais ofertas ao alcance de todos os corpos que quisessem dar voz às intensidades.

A cultura sofria em mim um processo de dessacralização e democratização, o que libertou a possibilidade de se fazerem todo tipo de misturas, desde dentro, por mais híbridas que fossem. Saída da língua materna e protegida pela língua adotiva, condições foram oxigenadas para a cura progressiva daquilo que minava minha força de criação e pulsão. Espaços se abriam onde antes estreitos, estrangulados. Nessa nova identidade transcultural, eu assistia fascinada a novos mundos se avolumando, proliferando e se irradiando, de todos os lados e para todos os lados.

Meu círculo de amigos se formou nas mais diferentes esferas de convivência: filósofos, escritores, psicanalistas, artistas, antropólogos, cineastas, dançarinos, vagabundos, viciados, mochileiros, sociólogos. Eu me mantinha constantemente exposta a encontros aleatórios, em multiversos com uma profusão potente de novas afetações. Me tornei uma colecionadora de estrangeiros, antropófaga. Parei de contar nos dedos das mãos com quantos me deitava. Não era sobre promiscuidade, era sobre atualizar as tantas confusões e confissões de uma mulher de terras tupiniquins e suas típicas dicotomias entre a puta e a virgem, o carnaval e semana santa. Era preciso encontrar minhas polaridades e gozar em qualquer espaço confortável entre elas. Amorosos e interessantes, mas que nunca me esforcei para voltar a encontrá-los.

Pablo, porém, com uma dezena de anos de vida a mais do que eu, recebeu os cuidados da manutenção por se dedicar tão devotadamente a me ensinar os caminhos da volúpia. O conheci antes mesmo de minha chegada a Paris. Era filho da amiga da conhecida de minha tia, que intermediou o contato. Conversávamos por horas ao telefone quando eu ainda na montanha ensaiava minha fuga. Em acordos furtivos, ele se tornou um grande incentivador, garantindo que não me deixaria passar fome caso tudo desse errado. Cheguei pela primeira vez à sua casa sem saber o que esperar por trás daquela voz ao telefone, e me surpreendi, sem receio do disfarce, com a figura atraente diante de mim a abrir-me suas portas.

Eu estava ensopada de chuva. Em minha insensatez juvenil, escancarada pelos menores gestos, não ter um guarda-chuvas não era mero acaso, mas uma forma irremediável de viver. Era comum que eu não me preocupasse com o que eu necessitaria caso não fosse necessário no exato momento, mesmo que já tivesse sido, algum dia, útil. Digo isso a respeito dos guarda-chuvas e de tudo aquilo que faz falta quando já não há mais como remediar.

Meu casaco de camurça cheirava curtume, pela umidade e por qualquer coisa outra de um passado suspeito desde antes do brechó. Avisei de antemão que eu cheirava bicho morto – tenho ainda essa mania de antecipar as decepções. Fazer piada sobre si mesma, pode parecer, a quem ouvisse, um traço de autoestima, mas era insegurança disfarçada. Ele ouvia com evidente distração, querendo me fazer entender que gostava dos meus cheiros, quaisquer fossem. Assim, começamos a nos farejar.

A ele não importava onde eu estava, onde ou com quem, ou o que estava fazendo. Nunca perguntava nada. Não lhe interessava aonde eu iria, onde eu estivesse, de que encontros eu vinha ou buscaria então. Só o interessava a minha presença substanciada, diante da dele. Que eu chegasse inteira, ou pela metade, ou fragmentada, preenchida ou esvaziada. Que eu chegasse, diante de sua casa, desavisada. O agradava especialmente que eu voltasse sem precisar ser convidada, querendo o que quer que fosse que ele tivesse a me oferecer. Pablo me desnudava nos primeiros instantes, às vezes sem ao menos um prévio cumprimento, como se fosse preciso fazê-lo ritualmente antes mesmo de avançar à sua porta de entrada. Se ele não o fizesse, eu o fazia com uma forçosa displicência – a mim gostava de parecer ingênua a respeito dos meus próprios encantos. Meus gestos ensaiados não o convenciam, ele me lia para além do que eu tentava forjar. Aos poucos fui desmontando minhas próprias arguições e ousando ser de corpo inteiro.

Por vezes me procurava às quintas, buscando pelos meus raros tempos vazios entre as extenuantes programações culturais de Paris, mas nunca suplicava ou sugeria coisa alguma. Seu apartamento no subúrbio era daqueles lugares em que nenhuma mãe deixaria a filha frequentar desacompanhada. Era comum em meus fins de semana sem mais nada a fazer ficar enfiada em seu quarto, nua, por três dias seguidos. Ele me nutria de café, almoço, vinho, jantar, tabaco, livros, filmes e músicas. De tudo aquilo mais que eu me sentisse carente.

Era caseiro, vivia de Björk, poesia, política, em doses justas de latinidade e *nouvelle vague*. Artista gráfico por vocação, e psicanalista por formação. Fazia por vezes de seu tronco um divã – largo, firme e confortável – sobre o qual eu podia me recostar depois do orgasmo fumando um cigarro, tendo meus cabelos por ele acariciados. Exercendo seu papel nos jogos consensuais de representação, Pablo me ouvia em um silêncio atento e respeitoso, com pequenas contribuições de ruídos afirmativos como expressão de escuta ativa, em uma clara anamnese que me incitava a contar sobre meus nós emocionais, minhas paisagens internas e outras subjetividades. Com ele entendi os caminhos que me percorrem corpo adentro, o despertar dos meus instintos, o ritmo visceral do meu prazer que morde, cospe, lambe, chupa. Com ele entendi sobre acordar ao som dos meus gemidos, a potência do meu gozo, a umidade quente do meu sexo, a textura da língua sorrateira, o gosto doce da saliva temperada com suor. Entre canais receptores de cada pequeno pedaço de pele, a exploração dos meus sentidos e a sensibilização do meu sentir era a única prioridade em nossos encontros, e ele se dedicava incondicionalmente a eles.

Jonathan era outro para quem eu voltava. Como expressão do meu respeito à regra do limiar, era quem me impedia de enlouquecer, avançando e retrocedendo nos limites das minhas desconstruções. O chamei de namorado e me comportava com ele o mais próximo disso que fosse possível. No auge de minha ode à liberdade em Paris, Jô era o familiar, o normal, o solo seguro e necessário, enquanto eu insistia em desmoronar todo o resto, por puro atrevimento. Eu precisava da segurança dele, e ele, da minha insensatez. Em nossos desajustes, fomos nos equilibrando.

Eu estava perdida pela noite parisiense, depois de tomar uma dúzia de ônibus errados, com um chapéu de veludo vermelho e uma garrafa de vinho quase terminada no gargalo, disfarçada em papel de pão, quando ele entrou no ônibus e se sentou ao meu lado. Foi esse nosso primeiro encontro. Com a franja loira repousada sobre a pele branca, me olhou com seus olhos verdes tímidos e arriscou um sorriso. Ajeitou o xale no pescoço com uma minúcia que prendeu um tanto da minha atenção. Eu sempre quis entender como os franceses eram capazes de nós tão simétricos em seus *foulards*. Empunhei meu bloco de notas e desenhei um elefante engolido por uma cobra. Ele se referiu ao desenho como um chapéu e riu quando presumi que apesar de se parecer com *Le Petit Prince,* ele não sabia nada sobre baobás ou rosas abusivas. Aproveitei o caderninho e li uma crônica que acabara de escrever, sobre a velha sentada do outro lado do ônibus. Ele sugeriu que minha distração justificava perder tantas baldeações numa mesma noite. Quase sem conseguir abrir a boca, sussurrou que estava feliz pela sincronicidade de me encontrar ali e se disponibilizou a me acompanhar até onde eu precisasse ir, garantindo que eu chegaria em segurança. Cancelou o jantar com os amigos e se surpreendeu quando se deparou com o meu destino final: um barco atracado na margem do Rio Sena, cenário das festas eletrônicas mais loucas de Paris. Se surpreendeu ainda mais com o fato de uma estrangeira perdida estar agora entre tantos amigos ao ponto de perdê-lo de vista. Ele queria conversar, mas a música era alta demais para permitir qualquer diálogo. Em minhas investidas para que desistisse das formalidades, ele resmungava que não sabia dançar. Levou meses até que Jonathan me desse um primeiro beijo. Desde então, eu sendo ativamente passiva, beijada ao invés de beijando. Era simplesmente funcional ser cuidada com devoção, como uma menina, por um menino que recém se descobria. Ele, ao que me recordo, começou a dançar, virou mochileiro e aprendeu a usar havaianas "sem arrastar os pés" – orgulhava-se disso.

Eu não mais podia performar o senso de composição que esperavam ver. A mim interessava desequilibrar no outro a paz da convencionalidade que já não me nutria. Já chegava avisando que não vinha pra ficar, e era preciso, a todo momento, transgredir. Em uma imaturidade que aguava pelo meio das coxas, achava que qualquer um que coubesse um bocado nas formas quadradas, não era digno de meu reconhecimento. Eu não cabia em lugar nenhum, nem em mim mesma. O que eu mais gostava era trair: o sistema, as expectativas, os rigores sociais, os bons costumes, o pai e mãe, os santos, as leis dos homens e dos deuses. Prometia falhar sempre e ecoava aos ventos, seduzida pela própria ilusão, que devorar as familiaridades desde as tripas era então a quintessência da liberdade.

corpo-asilo

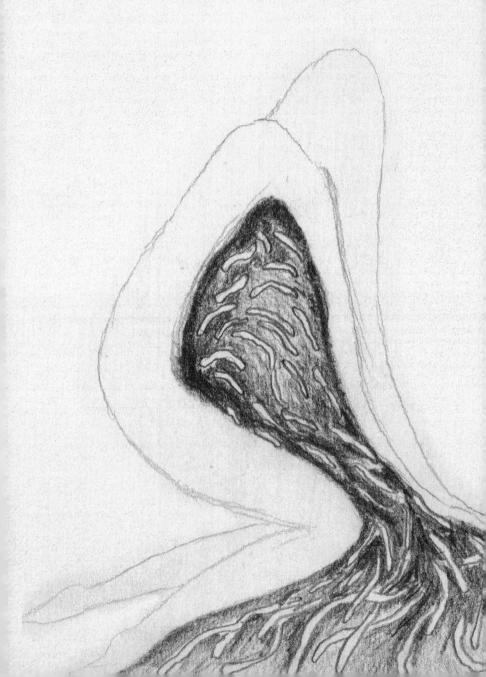

"Um curso de meditação?", perguntei, perplexa. E ele, meu mais novo amigo de infância, fez que sim. Inclinou o corpo na minha direção, complementando que seria sem falar, ler, escrever, ouvir música ou se masturbar. Me explicou que passaríamos treze horas meditando diariamente, por dez dias, em regime monástico e ainda acrescentou: "Estou certo de que nosso encontro não foi mera coincidência."

Depois de uma noite de ácidos e outros excessos, tomei meu último gole de café e coloquei meu rosto em contato com os primeiros raios de sol da manhã, pensando há quantas horas eu o conhecia, e há quantas horas eu já estaria sem dormir. Refleti sobre passar do café à cerveja, de novo, ou finalmente ir pra casa. Tentei entender o que eu tinha feito ou dito, que indicasse meu interesse por algo do tipo.

Do convite ao ato consumado, foram muitas tentativas de desistência. O próximo curso aconteceria na mesma data das minhas férias, mas ainda sim inventei desculpas rigorosas para a impossibilidade da minha presença por lá. Uma delas, justificada por minha necessidade de recolhimento, é que eu queria viajar de férias com as crianças que eu cuidava. Passei alguns dias no interior da França comendo *tarte aux myrtilles* da vovó e ouvindo as boas histórias do vovô relojoeiro, que se orgulhava de haver consertado o relógio de pulso do general estadista Charles de Gaulle.

Depois de muito ponderar, mudei meus planos num súbito de decisão e deixei as crianças com os avós na cidadezinha de doces acolhimentos. Fui ao encontro do amigo dos psicoativos, e de mim mesma, no Dhamma Mahi Centre, duzentos quilômetros ao sul de Paris. Ainda em tempo, chegamos diante do antigo casarão por uma longa estrada plana entre bosques e prados. O lugar me gerava arrepios, por sua aura tão singular e desconhecida. As pessoas falavam sobre seus conteúdos internos, sobre seus traumas e cenários familiares com uma naturalidade que me inquietava. Era normal compartilharem sobre seus desajustes mais íntimos com desconhecidos, como quem conta banalidades. Confesso que eu nunca havia escutado tantas verdades em primeira pessoa como até aquele momento. Eu ficava no jardim com ouvidos esticados entre uma e outra rodinha de encontros recém-acontecidos. Não tinha coragem de caminhar porta adentro e só o fiz porque, naquela altura, já não tinha mais como fugir. Aliás, já tinha compreendido que eu poderia fugir o quanto quisesse, mas para onde fosse, teria que me encontrar. O que eu teria então a perder? Seria apenas mais uma experiência, pensei, para minha recente coleção de vidas assumidamente vividas. Mas poderia também ser muito mais do que isso. Era um caminho sem volta, mal sabia eu.

Ao fazer meu *check-in*, me contaram que eu era a pessoa mais jovem do grupo, o que gerou um senso de proteção nos demais, e muita aflição em mim. Fui encaminhada ao meu quarto, o mesmo de outras dezenas de mulheres, com camas enfileiradas sem o mínimo de privacidade. Era curioso, estaríamos imersas em uma rotina de proximidade, mas sem que nos fosse permitido a comunicação. Estaríamos imersas dentro de um espaço mantido por doações espontâneas, mas que oferecia uma infraestrutura e serviço consideráveis.

Era bom não precisar me preocupar com o que eu comeria, não precisar olhar o celular, responder *e-mails*, pagar contas, ou faxinar a casa. Eu não precisaria atender expectativas, nem responder a qualquer outra demanda além de me sentar sobre a almofada e ficar ali, com o que quer que fosse. Uma das regras que eu cumpriria com satisfação era a de olhar para o chão e não encontrar outros olhos: era bom não ter que improvisar um sorriso ao cruzar com alguém pelos corredores, só para variar. Achei de bom grado a ideia de estar distante de tudo e de todos, de dar um tempo para mim mesma, e poder descansar.

Os estudantes foram convidados um a um a entrarem no salão, na ordem do mais antigo para o mais inexperiente. Fui a última a ser chamada. Já havia lá dentro uma centena de pessoas sentadas em fileiras milimetricamente dispostas, com suas colunas eretas, num silêncio tamanho que até uma pessoa morta seria capaz de quebrar. No único lugar ainda disponível, uma almofada e mais nada. Posicionei o corpo sobre meu pequeno quadrado. Aproveitei a flexibilidade dos anos de ginástica olímpica na infância e resgatei a pouca memória que me restava do yoga para tentar estereotipar um ar de entendimento daquela cena toda. Fechei o olho, mas mantive o outro aberto, tentando espiar o que deveria ser feito a seguir. Nada aconteceu. Não fizemos absolutamente mais nada além de respirar, durante muito mais tempo do que eu poderia imaginar ser possível.

Durante os primeiros dias trabalhamos uma técnica chamada *anapana*, observando as sensações do ar tocando certa região das narinas. Eu imaginava um triângulo, com base sobre os lábios e a ponta superior entre as duas sobrancelhas, e tentava colocar toda minha atenção ali. Passava o dia a verificar se o ar saía e entrava mais quente ou mais frio; se pela narina direita, esquerda, ou pelas duas; se havia qualquer sensação como formigamento, calor, frio, pulsação, repuxo, expansão ou retração. Era paradoxal, e por isso tão interessante, que esse exercício tão simples fosse tão desafiador.

A percepção foi se tornando cada vez mais sensível. Até um simples banho me comovia. Eu ficava ali, com os cabelos encharcados sobre o rosto, a água se agarrando à ponta do nariz, se aglomerando pelos cílios, encontrando os orifícios dos olhos, entre os lábio buscando passagem, correndo quente na nuca rija, ombros abaixo, na superfície do corpo. Da gota por gota, até a sensação dos pés descalços tocando a terra gelada de uma recente primavera, eu me reinseria, incuriosa e pueril, num universo cativante em que pequenas expressões de vida se tornavam perceptíveis. Partes do corpo que eu não tinha consciência há um longo tempo reclamavam agora a minha atenção. Eu passava então a ter um corpo, a ser um corpo, um corpo vibrátil. Durante uns bons vinte anos eu havia andado pela vida distraída. Tudo sempre esteve ali, era eu quem não estava.

No quarto dia, passamos para a técnica de *vipassana*. Ao invés de observar o triângulo sobre as narinas, a instrução agora era para que observássemos as sensações do topo da cabeça às pontas dos dedos dos pés. E foi ali que tudo mudou, para sempre. Nesse contexto, "tudo" realmente significa tudo e "para sempre" também não é só um vício de linguagem.

Foi nesse silêncio que fui capaz de ouvir os sussurros mais inaudíveis do além de dentro, sem máscaras nem justificativas, em contemplação das muitas facetas que me compõem. No chegar do silêncio me senti só, amedrontada por verdades cruas que no barulho louco da vida, seguia a negar. No silêncio vi a mim mesma estampada em máscaras caricatas de tudo aquilo que desejava não mostrar. Ah, o silêncio me foi tão honesto. E de quanta honestidade necessita uma alma para poder se despedaçar em paz, me perguntava. Diante do vazio das respostas, ainda mais me calei.

Apesar de incessantes, eram inúteis as tentativas de controlar e de compreender, de buscar pelas peças do quebra-cabeça que nunca iriam se encaixar. Deixei que os ruídos grosseiros dos meus julgamentos me atormentassem, deixei que minha teimosia relutasse, que minha memória me levasse à deriva, que minha mente me lançasse em um vai e vem de passado e futuro, lembranças e expectativas, futuro e passado no desassossego da não presença. Em exaustão, desisti de lutar. Extrapolando os limites do que poderia prever, inspirei e deixei ser, deixei queimar, me entreguei. E de quanto fogo necessita uma alma para poder queimar em paz? Só o suficiente. Só o bastante para transmutar o tormento: fazer derreter, borbulhar, expandir, desintegrar, sublimar, purificar, dissolver. Incólume diante do caos, vislumbrei um pequeno e eterno instante de verdade. Foi onde tudo se tornou tão intenso que sucumbi.

Fui tomada por uma espécie de convulsão que fazia todo corpo se contrair em espasmos e movimentos compulsórios que eu já não mais podia controlar. Me escapou um suspiro rouco, as mãos trêmulas, quase um gemido. Por mais que o pedido de instrução fosse que não nos movêssemos, me levantei da almofada em sobressalto, já entre lágrimas e soluços, olhando para os lados em um pedido desesperado de ajuda. O salão ecoava diante de mim em uma quietude fúnebre. Ninguém me olhou, ninguém ao menos se moveu, todos estavam aparentemente ocupados em seus próprios processos, de olhos fechados.

Caminhei cambaleante e relutante em direção ao banheiro, rompendo todas as regras de conduta acordadas no programa. Ao me deparar com meu reflexo no espelho, um grito gutural saltou por minha garganta. Dolorida e fragilizada, permiti que meu corpo escorresse em direção ao chão e sem forças para reerguer-me fiquei ali, com uma sensação nunca antes sentida. Uma mulher caminhou em minha direção sussurrando compassiva "apenas observe, não se identifique, apenas observe". Seus cabelos grisalhos e olhos úmidos me passaram a confiança de que eu precisava me acalmar, confiar um pouco mais na perfeição daquele momento estranho.

Os dias foram passando assim: opacos, intensos, confusos, profundos – afogados em mim mesma. Já não mais trocava de roupa, já não mais sabia que dia era ou há quantos dias eu estava ali. Passei a não dormir durante a noite. Minhas sensações físicas haviam se tornado tão vastas, que eu só fazia respirar, tentando manter um ritmo saudável para que as vísceras não saltassem à boca. Guardei os óculos de quase cinco graus de miopia e desisti também das lentes de contato, deixei de tomar banho e por muitas vezes tentava me lembrar se havia ou não escovado os dentes, sem memória recente do que estava acontecendo naquela rotina singular.

À medida que me descolava, permitia que a sabedoria atuasse mais e mais no corpo, trazendo a experiência extra-sujeito através de significados metafóricos e um intenso treino prático para a mente. A inteligência por trás daquela técnica ia ficando mais clara. Depois de longas horas por muitos dias sentada, meus joelhos doíam insistentemente, mas a cada instante de acesso à equanimidade e desidentificação, a tal dor se esvaía, como simples sensação de calor, talvez pulsação ou repuxo. Eu me dava conta que o mesmo servia para os pensamentos que me emergiam, para os acontecimentos que me trespassam, para as histórias que me acometiam. Libertador e aterrorizante, pensar que as experiências em si não são boas ou más, apenas são o que são, ou o que julgo serem.

Ao observar ali as minhas sensações surgindo e desaparecendo em constante mudança, para além daquele eu que decodificava, julgava e estabelecia significado, passei a compreender o princípio de *anicca* que esse estudo traz com tanta veemência: a impermanência. Como eu poderia estar construindo toda a minha vida sobre os alicerces do controle, sem ao menos me dar conta de que a única coisa permanente é a própria impermanência? Minha tendência era até então fixar e estabelecer, a partir do conjunto das minhas experiências de vida, uma regra de consequências, como um destino fixado, que presume uma série de acontecimentos inerentes. Mais do que construir um mundo de estabilidades, porém, era preciso compreender que esse mundo era apenas um mundo, e não o mundo. Esses trânsitos não cessariam de acontecer a não ser que eu engessasse a vida, e com ela a minha liberdade. A impermanência parecia vertiginosa, porém, vital.

Prazer e dor ali se encontravam, e eu cada vez mais intrigada buscando entender o que provocava sensações tão contraditórias. De novo e de novo, respirava fundo, tomava coragem, apelava ao meu olho nu e à potência vibrátil do meu corpo-todo, e recomeçava a aventura. Memórias saltavam à tona, lembranças já há muito guardadas, esquecidas, e junto delas, sensações físicas, emocionais e toda uma carga mental que emergia. Cada parte de meu corpo trazia uma história distinta a ser contada. Para além das definições, o melhor era quando eu só sentia. Para além da aversão à dor e do apego ao prazer, tudo o que vinha ia, tudo o que era se tornava deixava então de ser. Desci até velhas feridas, abertas sem assepsia, curadas sem anestesias, mas tratadas com o devido respeito e cuidado que há tempos me exigiam. Tirei as tralhas do porão escuro e amontoado, levantei tapetes e contemplei a poeira batida ao sol. Olhei com honestidade para as minhas bagunças de dentro, expurguei mágoas, medos, monstros imaginários e verdadeiros demônios, até então negligenciados.

Durante o curso, todos os ensinamentos e instruções eram repassados através de um áudio, gravado em mais de vinte idiomas e para mais de noventa países. Áudio este por vezes detestável e por vezes deleitante, mas que me ajudou a perceber que aquela paisagem interna sendo narrada, não era só minha. Éramos uma centena de pessoas ali, entre outras sete bilhões, buscando compreender, cada um à sua maneira, os modos possíveis de lidar com as nossas complexas humanidades. Meus escombros não eram mais assim tão íntimos.

Estávamos chegando ao fim do curso e nos foi passada as instruções para a última técnica de meditação, *metta bhavana*. Depois de tantos processos difíceis atravessados durante o período de trabalho, nós poderíamos enfim sentir o amor que brotava do coração como um bálsamo de acalanto. Eu, porém, não o encontrava nem com todo o esforço. Pensei em minha mãe, não funcionou; pensei na cachorrinha que eu tinha quando criança, também não funcionou; pensei nos meus amores, atuais e de décadas passadas, também não funcionou; tentei encontrar o tal amor pensando em mim mesma e funcionou menos ainda. Fomos então instruídos a expandi-lo de dentro para fora "a todos os seres". Eu que não tinha nem um tiquinho de amor no coração e fiquei ali, ilesa, até que os outros estudantes, um bocado trabalhados na compaixão, o fizeram, e eu fui, de fora para dentro, completamente tomada: "que todos os seres sejam felizes, que todos os seres se libertem de suas amarras, que todos os seres vivam em paz." Aquele salão, que por tantas vezes carregava uma aura densa e obscura, se acendeu e foi preenchido por intensa luminosidade, me absorvendo em alegria, acolhimento, contentamento, plenitude, entre outras coisas sem nome. Acho mesmo que passei o resto da minha vida dedicada a encontrar esse tal amor dentro, para ser um pouco do elixir que degustei naquele dia.

Como eu já havia perdido um tanto da noção de tempo, me surpreendi ao sair da sala de prática e ver homens e mulheres juntos, conversando. Algo havia mudado naquelas pessoas, ou em mim. Em ambos. Havia uma luz diferente naqueles olhos e sorrisos. Mesmo diante desse encantamento, minha atitude imediata foi sair correndo de volta para o dormitório e me recolher. Eu definitivamente não estava pronta para encontrar quem quer que fosse. Além disso, estava há alguns dias sem banho e usando seguidamente o mesmo pijaminha de flanela que minha mãe havia me presenteado antes que eu saísse do Brasil – o que justificava o cor-de-rosa com os ursinhos carinhosos na estampa.

Me banhei ignorando a poesia das gotas na pele, troquei de roupa, penteei os cabelos embaraçados, coloquei minhas lentes de contato e me olhei no espelho depois de uma semana sem muito enxergar. Eu estava diferente. Minha face estava mais simétrica, meus olhos mais largos e abertos. Minha pele havia rejuvenescido, minha pupila desanuviado. Era bonito poder me testemunhar assim. "Me sinto muito viva", pensei.

Era hora de voltar. Aquela casa que causava assombro já me era então familiar. O resto do mundo que acontecia lá fora, se tornara então estranho. Um passo adiante em retorno à rotina, e minha mente já se colocava no turbilhão das tarefas não concluídas. Na Paris apressada e ruidosa, empunhei uma bicicleta e segui em direção ao pôr do sol na Sacré-Coeur, meu preferido. O vento no rosto, o meu desejo de que "só por hoje" eu pudesse estar em presença na tentativa persistente de reequilibrar mundos. Nunca mais deixou de ser assim. Nunca mais foi possível ser pra fora sem ser pra dentro, mesmo às custas da errância de habitar os próprios labirintos.

Uma coisa era estar em retiro enquanto praticante, outra, era voltar à cidade e seguir adiante com tudo aquilo. Por mais que a presença me chamasse ao solo firme do aqui e agora, era claro que eu deveria passar a adequar minha vida a novos significados, o que fez por vezes lembrar as palavras de Quintana, que não se ajeita "com os padres, os críticos de arte e os canudinhos de refresco": não há nada que substitua o sabor da comunicação direta. Decidi pegar todo o dinheiro poupado nos meses como babá e dar-lhe um outro destino: o valor que estava sendo guardado para investir em um computador – como ferramenta de estudo e trabalho –, eu usei para comprar uma flauta, instrumento da infância esquecida. O restante – retido como um valor de segurança para o momento de retorno ao Brasil –, eu torrei até o último centavo em uma peregrinação à Ásia.

corpo-candente

Clarisse é a tal flauta, que insisto voltar a tocar a cada virada de década. Comprei-a de um velho musicista aposentado de l'Orchestre de Paris, que se divertiu um bocado em me ver tentando, desajeitada, encaixar seus três pedaços. Percebendo o meu amadorismo, me convidou para ser sua aluna, e ainda disse que me cobraria apenas um expresso, em condolência à minha latinidade clandestina. Foi assim que começou a nossa amizade. Eu ia à sua loja semanalmente, comprava o café do outro lado da rua, e ele me ensinava, ou melhor, tentava me ensinar a tocar a bendita. Não lembro do seu nome, nem muito bem do seu rosto, mas recordo o seu olhar esguio por cima dos óculos, a barriga grande, o suspensório, a barba grisalha, e a minha dificuldade em mudar as oitavas.

A Ásia me apareceu mais ou menos assim também: de antemão, generosamente ofertada, sem que eu pedisse. Na fila do bandejão foi onde conheci Cabelo. Além da comida barata e nutritiva, a Cité Universitaire sempre me rendia conversas fervilhantes e uns encontros interessantes. Brasileiro, nascido no interior de São Paulo, Cabelo pertencia a uma família humilde, cercado de música sertaneja, rodeios, fivelas douradas e TV Globo. Com três décadas de vida, já havia completado mestrado na França e engrenado um doutorado na Rússia, além de ter rodado o mundo pelos lugares mais inóspitos, das formas mais improváveis: bicicleta, moto, veleiro, a pé, de balão. Contou-me as histórias de viagens mais instigantes que eu já havia escutado e me ensinou a cortar cebolas relembrando os exercícios de matriz matemática do colegial.

Compartilhei com ele sobre as mudanças que estavam acontecendo em minha vida após a experiência do *vipassana*. Apesar de eu me saber impertinente e monotemática, falava sobre meditação para todo mundo o tempo todo, o que me ajudava a integrar a experiência e a espalhar para o máximo de pessoas possíveis que uma coisa daquelas existia.

Cabelo contou que estava terminando sua estadia na França e seguindo em direção à Ásia para completar parte de seus estudos. Falou sobre as boas passagens aéreas saindo da Europa, sobre as possibilidades da viagem com orçamento a baixo custo, e de imediato perguntou se era do meu interesse acompanhá-lo. Saí daquele almoço um tanto zonza com a informação, colocada de forma tão prática. Passei na Fnac, comprei o livro *Lonely Planet India* e o devorei madrugada adentro acompanhada por vinho e cigarros. De repente, aquele vislumbre distante se apresentava tão possível... O mundo tinha diminuído de tamanho. Eu estava com pouco mais de vinte anos e já havia pensado em ir para a Ásia em algum momento da vida, mas nunca imaginei adiantar tanto essa possibilidade. Era factível, só dependia da minha decisão: abrir mão de coisas que pareciam mais corretas por outras que pareciam mais instigantes.

Liguei pra senhora minha mãe e contei todo o plano. Ela me interrompeu, perguntando sobre esse amigo ser ou não de confiança. Eu disse que sim, ocultando a informação de que eu mal o conhecia. Ela perguntou seu nome e precisei admitir que não sabia, mas que o chamavam de "Cabelo". Ela engasgou, deu uma risada nervosa e me disse que seria interessante que eu tivesse mais cuidado. Eu ainda tinha medo de ir contra o que minha mãe faria e como era ela a maior incentivadora das minhas (des)aventuras, recebi isso como um alerta. Segui tentando me convencer de que voltar tranquila para casa seria importante. Porém, me parecia um tanto intrigante que eu tivesse acabado de sair do mergulho em uma prática oriental de meditação e que, pouco depois, recebesse esse convite: era difícil não me convencer da sincronicidade.

Poucos dias depois recebi uma ligação de minha mãe, perguntando sobre a decisão em fazer ou não aquela viagem. Eu disse a ela, em um tom de decepção, que havia desistido, seguindo a sua recomendação de cautela. Para minha surpresa, usando um tom divertido e um tanto impulsivo, ela respondeu: "eu só disse isso porque sou sua mãe, mas é claro que você tem que ir!" Desliguei o telefone e no segundo seguinte, comprei as passagens.

Eu e Cabelo planejamos de longe os nossos itinerários, ele da Índia e eu da França. Em uma dessas conversas, ele sugeriu que deveríamos aproveitar a viagem para ir até o Nepal fazer uma caminhada, que sendo um país fronteiriço seria possível chegarmos por terra. Eu concordei animada. Fui buscar o Nepal no mapa e só depois entendi que a montanha que subiríamos tinha mais de oito mil metros de altitude. "O teto do Mundo", assim é conhecida essa inóspita terra onde habitam raríssimos tesouros, uma cultura muito intocada, e oito das dez maiores montanhas do planeta. Descobri que aquele país era duas vezes menor do que o meu distante estado de Minas Gerais e ainda sim, era berço de cinquenta etnias, mais de setenta dialetos, temperaturas entre 40 e -40 graus Celsius, e altitudes entre 70 e 8.848 metros. Um pequeno retângulo que passa despercebido entre seus barulhentos vizinhos. Mesmo com toda a informação prática, eu não tinha a menor ideia de onde estava me metendo. Era bem comum eu confundir falta de noção com coragem. Um ótimo exemplo dessa combinação catastrófica foi ter deixado meu casaco de inverno em Paris, para não pesar a mochila. Quem faz um *trekking* nos Himalaias sem roupa de frio mesmo?

Cheguei à Índia e meu primeiro contato com Nova Delhi foi quase traumático. Tentei sair do aeroporto por diversas vezes rumo a Main Bazar, mas fui atacada por um número significativo de homens que tentavam me enfiar em seus carrinhos coloridos. Por fim, comprei uma Coca-Cola e sentei-me abraçada à garrafa do xarope ocidental até conseguir me sentir mais pronta para encarar a vida fora do saguão de desembarque. Descobri meios mais seguros de transporte e compreendi que a invasão do meu espaço seguiria acontecendo enquanto eu estivesse sob solo indiano. Consegui sair do aeroporto em um carro que comportava cinco pessoas mas carregava sete, sem contar comigo.

Quando o motorista encostou e me sinalizou o endereço mencionado, tive a certeza de que estávamos no hotel errado. Bem, eu sempre me hospedava nos lugares mais baratos disponíveis, porém, diante daquele lugar, minhas definições de perrengue foram imediatamente atualizadas. Me deixaram em um quarto sem janelas, sem circulação de ar ou luz natural, num calor infernal que devia ultrapassar quarenta graus. Cordialmente passaram o lembrete de que Cabelo retornaria em breve.

Confesso que cheguei esperando encontrar aquela meca dos hippies na década de setenta. A cidade, no entanto, era caótica: o frenesi no trânsito era indescritível. Com buzinas constantes, caminhões, carros, *rickshaws*, motos e bicicletas disputavam estreitas ruelas esburacadas, como se fossem autopistas. Pessoas, vacas, cabras e galinhas circulavam com seus ritmos tranquilos, alheios e no meio de tudo isso. O cheiro de urina e excremento de animais, misturados à poeira e muito lixo, mal me deixavam respirar. A rua era um imenso mercado onde de tudo se oferecia, desde bálsamo de tigre até haxixe, ou mesmo uma pose para foto a *good price*. Tudo é válido para os vendedores sedentos por dólares ou euros, inclusive se agarrar ao braço dos turistas e baixar até dez vezes os preços, antes mesmo que se quisesse negociar. Alguns segundos de distração e eu poderia ser atropelada por qualquer coisa que se movesse, inclusive um elefante. Eu fui buscando uma extensão do *vipassana*, mas qualquer segundo de silêncio para mim era impossível. Estar na Índia era sobre ter minha paz tomada pela paz. Cabelo chegou, com o sorriso entusiasmado de sempre, que na falta de contexto me pareceu provocativo. Depois de escutar toda a minha lista de frustrações ele continuou com o sorriso, respondendo um amistoso "bem-vinda à Índia!".

Algumas semanas depois, após percorrer dois mil quilômetros pelo norte do país, fizemos a travessia até a fronteira do Nepal. Saímos no fim do dia com a promessa de que chegaríamos a Pokhara ao amanhecer. Porém, como é comum naquelas terras, as informações estavam desencontradas. Alcançamos o destino no meio da madrugada, enquanto toda a cidade dormia. Não havia luz elétrica na região e tudo o que nos restava era uma pequena fresta de visão proporcionada pelas lanternas de cabeça. Depois de caminhar muito, desistimos de tentar encontrar alguma hospedaria e buscamos por algum terreno baldio para acampar até que o sol se anunciasse. Contra os ataques dos cachorros, nossa única defesa era mover o tripé da câmera de um lado para o outro, afastando a possibilidade de contrair a raiva numa mordida às escuras. Logo que encontramos uma clareira entre casas que se amontoavam, uma tempestade nos pegou desprevenidos. Dormimos ensopados, com a tenda montada às cegas, temerosos pela chegada das monções e torcendo para que aquilo não fosse só o começo.

Abri os olhos pela manhã e demorou algum tempo para que eu pudesse me lembrar de onde estava. Nessa época era comum eu ter que raciocinar um tanto até que minha localização geográfica fosse confirmada ao acordar. Havia crianças lá fora, brincando, rindo, falando um idioma que meus ouvidos recebiam como uma canção bonita e curiosa, nunca antes escutada. Fiquei ali observando as tantas sensações que aquele momento me gerava até perceber que as crianças estavam, de fato, se esforçando para nos despertar. Elas atiravam seus corpinhos contra a lona e tentavam encontrar formas engraçadas de abrir a tenda. Me levantei meio tonta, ainda molhada, com sono pendente. Coloquei a cabeça para fora e encontrei umas quinze faces pequeninas com grandes olhos pretos: peles queimadas pelo frio e pelo sol, os sorrisos com dentes gastos, os olhos cheios de remelas e meleca no nariz. Fui arrancada da barraca entre as gargalhadas soltas, que me fizeram pensar sobre o porquê de as crianças ocidentais serem idealmente tão limpinhas e não tão felizes assim. Perdi o ar quando, num choque de deslumbre, avistei os picos gelados das mais grandiosas e imponentes montanhas do planeta, abraçando e circundando o vale. Entre elas, nosso destino: o Annapurna II.

Contatei alguns amigos queridos, me despedi da família. Sem alardes, segui o conselho dado pelas autoridades locais e avisei que caso eu não voltasse até determinada data, deveriam acionar os órgãos responsáveis. Começamos a subida. Acordávamos antes do sol, para poder desfrutar de tempo e um ritmo suave de caminhada. Além do desafio imposto pela distância a percorrer, havia também a questão de carregar os próprios equipamentos, lidar com a altitude, com as condições naturais extremas. O autocuidado era imprescindível: alimentar o corpo, hidratá-lo, mantê-lo aquecido e seco, manejar os poucos suprimentos para tê-los minimamente disponíveis, cuidar dos olhos e da pele para não serem agredidos pelo sol e pelo frio. Todas as noites era necessário estudar os mapas das trilhas, refazer os curativos das bolhas nos pés, lavar as roupas que nunca desencardiam, cuidar das mazelas da carne. O corpo sofria pelo peso das mochilas, pelas articulações exigidas em excesso, pelo fortalecimento de musculaturas nunca antes convocadas. Estávamos, de alguma forma, em modo sobrevivência, zelando no mais básico da condição humana por coisas que até então eu não me atentava.

Quase não havia turistas e tudo era ainda incipiente se tratando de infraestrutura naquela região. Não havia placas ou qualquer outro tipo de sinalização que apontasse o caminho das trilhas. Não havia estradas, escolas, mercados, hospitais... Qualquer coisa dependia de longas travessias, extensas caminhadas. Cada vila falava o seu dialeto próprio e suas tradições permaneciam preservadas. Sem os confortos e confrontos da contemporaneidade, a vida ali era de uma lida um tanto difícil pela sobrecarga do que sustentavam montanha acima, um tanto leve pela complexidade dispensada montanha abaixo.

O que era para ser uma experiência mística, ontológica e transcendental, por vezes se tornava uma maratona com obstáculos quase intransponíveis, que me fazia pensar em praias tropicais, água de coco e meu corpo empanado na areia. Chuvas torrenciais e repentinas, enormes pedras desabando do nada em direção ao nada, vertiginosos e escorregadios abismos, matas fechadas e desertos, passos cegos entre a neblina. Ninguém sabia o caminho da trilha, ninguém sabia onde ficava a tal vila a qual deveríamos alcançar, ninguém ao menos se importava. Tiravam fotos, observavam o ruminar dos bichos, contemplavam as flores. Eu continuava asséptica, me submetendo àquilo tudo sem fazer parte do cenário. Fechada, eu só queria conseguir abrir mais meus olhos, meu coração, minha mente, quem sabe minhas pernas. Entre lagos glaciais, bandeiras e rodas de oração budistas, entre vales, monastérios, entre meus pensamentos me sentava emburrada, ranzinza sobre uma pedra qualquer, tentando descansar em lamento, prevendo meu futuro de caminhadas agonizantes. Com a montanha teimando em ser alta e íngreme demais, eu reclamava da dor de cabeça, do mal-estar, da fome e do frio, não desejava mais nenhum passo sequer.

Devido ao mal de altitude e seu histórico de epilepsia, Cabelo sofreu, após uma semana de caminhada, a primeira das muitas convulsões que estariam por vir. Demorou dias para que pudéssemos nos recuperar do choque. Meu medo em testemunhar novamente a violência que acometia seu corpo, o medo de não ser capaz de ajudá-lo, ou de perder sua vida ao alcance de minhas mãos, era muito maior do que o meu medo da montanha. Eu não poderia compactuar com sua escolha em seguir adiante e ao mesmo tempo, não havia para mim escolha, a não ser o desejo de caminhar e chegar ao outro lado, como fosse possível. O fiz, então, sozinha: uma travessia de 250km através do Thorung La Pass – a 5.500m de altitude, com um mínimo de 10km de caminhadas diárias que poderiam durar entre seis e doze horas. Eu não só deixava de ser coadjuvante em minha própria vida, como sentia também tornar-me autora de minhas narrativas. Ensaiei o passo lento e curto, desenhei no mapa os tempos para aclimatação e descanso e me pus a andar, seguindo a sugestão marxista de Cabelo sobre, sempre que na dúvida, escolher o caminho da esquerda.

O ar, que a cada elevação se tornava mais rarefeito, precisava ser puxado para dentro com a calma de respirar num escafandro. A pressa, na ansiedade do fim, me pesava as pernas, me afastava o destino, me fechava a garganta, me implodia a cabeça de receios nem tão irreais. Eu tentava destilar o que havia entre medo, intuição e desatino. Tentava me apegar a alguma memória, música ou santo, para acalmar meu coração ansioso e aflito. Descompassada e cheia de esforços.

À beira de um precipício, uma revoada de pássaros se elevou por trás de minhas costas, me fazendo desfalecer no ímpeto do susto, levando junto deles os meus tantos assombros. Tomou-me um tempo, apenas o suficiente, para que eu me tornasse capaz de compreender que aquele mundo era eu, que imensidão e abismo coabitavam, dentro e fora de mim. Pernas, mente e espírito, foram ficando mais fortes e o caminho que se abria à frente passou em insistir que cada coisa se mostrava em seu devido lugar.

Eu fazia os repousos em casas de famílias nepalesas, abrigos esses fundidos na paisagem em madeira e pedra polida, construídos por homens que eram junto com todo o resto de vida ao redor. Sem tecnologias, plásticos, calendários ou relógios, eu encontraria ali algumas boas respostas, ou rastros a novas perguntas. Era tocante chegar depois de um longo dia de caminhada e poder testemunhar suas existências singulares, me embebedar da aura suspensa desses espaços domésticos e privados. Eu tomava banho de balde e nutria meu corpo e alma sedentos, com chá de manteiga de *yake* e a presença de mulheres cozinhando juntas, conversando baixinho sob a luz dançante do fogo e os estalos da madeira seca. Por trás de minhas armações de óculos grossas, eu poderia ficar, por horas, apenas as observando, sentada naquele chão acolhedor que era ao mesmo tempo cadeira, mesa, cama, altar, palco. Ao contemplar seus sorrisos e sorrir junto, mesmo sem compreender o que estavam dizendo, por vezes me emocionava com tanto afeto que lágrimas escorriam por fendas raras dentro de mim. Por vezes me tocavam e cheiravam a pele, como eu sendo de uma outra espécie que não humana, que não familiar. Mesmo assim, nos reconhecíamos.

Fora do tempo e espaço rasos, onde o excesso se confunde com preenchimento, eu degustava ali do minimalismo em forma de ser, pensamento e sentir. Uma existência simples, em devoção à natureza, ao trato da terra, à espiritualidade e ao servir em coletividade e comunhão. O menos sendo mais, o pouco sendo essencial e tratado como tal, raro. Da premissa que foge à regra pelos livros e vinis, histórias e poesias, memórias e amigos, mas que valeria para todo o resto, fui ficando certa de que os peregrinos acumulam bagagens que fazem o andar da vida ficar mais leve. Fui me deixando vazar pelo caminho, derramando as mágoas, as palavras não ditas, soltando as relações não resolvidas, as verdades não sustentadas – largando a vida meio vivida. Minhas botas se tornavam mais gastas enquanto meus olhos mais apaixonados e minha alma cada vez mais limpa. Depois de duas décadas de existência sobre essa terra, ela parecia finalmente um espaço habitável. Ali, sob um dos solos mais inóspitos do planeta, o meu corpo se adequava à sua condição humana e a vida passava a fazer sentir, a fazer mais sentido.

Durante a caminhada, o silêncio se tornava minha maior companhia. As outras eram a dança, a fotografia e a escrita. Escrever era um hábito que eu carregava desde os treze anos, que havia se intensificado durante minha estadia na França e que ali se tornava tão essencial quanto respirar. Compulsiva em desmanchar pensamentos sobre a caneta de ponta fina, muito escrevi sobre o medo da morte, sobre a certeza de que seria tudo bem morrer ali. Além do papel, a câmera analógica.

Ela me havia sido emprestada pelos pais das crianças que eu cuidava em Paris. "Fique com ela pelo tempo que quiser", disseram, e valeu mais do que ter uma nova. Diferente de uma digital, que se dispara o botão infinitas vezes até encontrar a melhor imagem, essa me exigia, mais do que capturar, enxergar. O som da captação de luz pela câmera saciava minha ânsia em tentar explicar cores a cegos.

Por vezes tudo tomava uma proporção tão sublime que nem os bons e recentes encontros com minha entidade autoral fariam possíveis a expressão. Era como se, de sobressalto, eu tivesse que apelar para suportar o mistério. Foi assim que aprendi a dançar com os espíritos, oferecendo meu corpo àquilo tudo que era grande demais para ser dado nome ou forma, por doses de sanidade para quando eu não estivesse mais diante da vida, mas em suas entranhas. Eu dançaria para sobreviver, para tentar elevar-me ao teto do mundo cada vez que minhas asas quebradas me impedissem de decolar.

corpo-moribundo

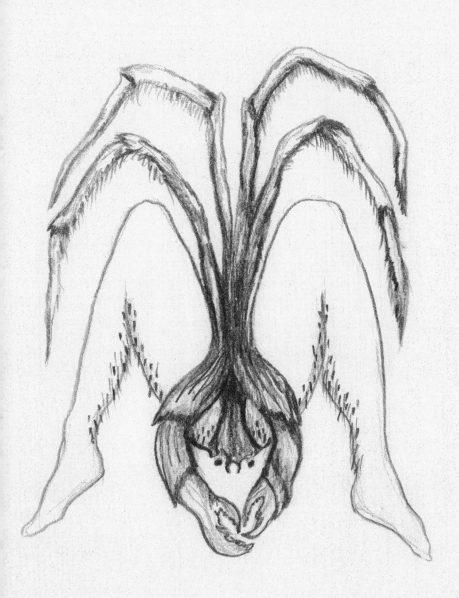

Próximo ao fim do circuito, as trilhas haviam se tornado movimentadas, se ouvia todo tipo de idioma. Pessoas falando muito, e rápido. Os tempos me atropelavam e tudo parecia me causar um impacto maior do que o de costume. Eu me percebi sensível demais por dentro. Aluguei um quartinho na laje de uma hospedaria antes de viajar rumo à vila de Pokhara, ponto de conclusão na peregrinação pelo Annapurna. Numa varanda repleta de plantas e com uma vista bonita para as montanhas, passei os últimos dias isolada, por um pouco mais, olhando do alto.

Luz elétrica, vaso sanitário, papel higiênico, chuveiro quente. Dar descarga, ligar o interruptor, virar a torneira e ter água disponível, talheres nas refeições, comodidades rotineiras de luxos imperceptíveis e cotidianos. Rapidamente eu reaprenderia a depender deles, pensei. Do que mais me esqueceria? Pude lavar minhas roupas, curar as feridas dos pés, recuperar a pele do rosto marcada pela temperatura e altitude. Ritualizei minhas manhãs vendo o dia nascer nas *hot springs* e busquei fôlego para empreender o restante da descida. Era difícil acolher o sentimento de que a caminhada havia terminado, era perceptível que algo de mim ficaria para trás e que, ainda sim, era preciso seguir adiante.

"Não chegue ao seu país achando que você se tornou uma pessoa boa demais", disse-me o israelense barbudo enquanto eu fumava meu *gudang garam* e tomava os últimos goles da cerveja nepalesa. Ele parecia Jesus, e eu que sempre tive fetiche por Jesus, que sempre me configurei mentalmente na imagem de Pietá carregando aquele homem entregue sobre meus braços, me distraía um tanto de seus ensinamentos filosóficos pensando no corpo de Cristo. Não na hóstia, mas na materialidade dos olhos cor de mel daquele ex-soldado de guerra. Essa frase, porém, prestei a devida atenção e levei comigo, mas só a compreendi quando de volta ao Brasil.

Havíamos nos conhecido há poucas horas, quando ao vê-lo passar pela porta da hospedaria acenei um *shalon* e emendei um "bom dia". O bom e claro português junto do cumprimento hebraico foi suficiente para que ele se descolasse do bando e viesse sorrindo curioso em minha direção. Estávamos seguindo ao mesmo destino, rumo à última vila antes de deixar o Nepal. Ele empunhou minhas malas, levou-me ao teto do ônibus, me enrolou um baseado e se gabou de termos o assento com melhor vista na longa viagem montanha abaixo. Me alertou sobre os galhos das árvores que poderiam subitamente me arrancar a cabeça e sugeriu que aquele era também o lugar mais seguro: "se o ônibus cair no precipício, o que é comum por essas estradas, ainda dá tempo de pular." Sem me consultar, escolheu nosso hotel, reservou nosso quarto, adiantou umas diárias, trancou a porta, juntou as camas de solteiro. Eu só exigi que ele falasse em hebraico nos momentos do gozo.

Passei horas, dias, sob as camas emendadas, olhando o teto cor-de-rosa, testemunhando a teimosia do ventilador em soprar meu corpo satisfeito e cansado. Pensava eu que a profundidade de algumas experiências é por vezes intocável no sem-fim de dentro. Enquanto nômade, descobria que a solidão e a liberdade caminhavam de mãos dadas comigo. Ninguém – por mais que me conhecesse, por mais que eu explicasse, por mais que já tivesse vivido experiências similares –, poderia compreender de onde eu vinha ou as histórias que me compunham. Quem seriam os meus pares, a quem eu me aliaria então? Estando incomunicável por todo aquele tempo, vi o mundo acontecer sem que lá eu estivesse. Mesmo entre minhas relações mais próximas, toda vida se manifestava para além da minha existência. Morri para os outros, renasci para mim. Assim também, solitário e libertador, compreendi que eu não era necessária ou muito menos essencial. Eu poderia desaparecer, e o mundo continuaria simplesmente a girar. Com o tempo fui aprendendo a encontrar mais liberdade do que solidão nessa condição de corsária.

Refletia sobre como voltar ao outro lado. Mais do que respostas, aquela experiência me havia aberto mais perguntas: sobre o porquê de minhas aspirações e quem, em verdade, havia escolhido o caminho traçado até então. Quanto mais eu me questionava, mais claro ficava: eu era uma pessoa condicionada socialmente e estava, na maior parte do tempo, buscando cumprir um bom papel. Ficava óbvio que a minha busca por realização profissional era motivada por meu desejo de ser amada, apreciada, de ser importante diante dos olhos dos outros. Como era fácil me perder nas expectativas alheias, criar condicionamentos que me permitissem, de algum modo, pertencer. Como eu me protegeria dos retornos aos bons e velhos moralismos, afinal?

Os solos seguros aos quais eu havia me sustentado por boa parte de minha existência estavam se desfazendo, mais e mais. Os véus do sistema antropo-falo-ego-logocêntrico não cessavam em esvair diante de meus olhos. Meus sonhos haviam sido projetados antes mesmo que eu nascesse, e diziam mais sobre uma constelação social e cultural do que sobre mim mesma.

Compreendia, não sei em qual nível, mas compreendia, que era necessário seguir caminhando, a um novo rumo, e que cada passo nessa direção seria um ato consciente de resistência. A trilha encrespada estava só começando. Empreender um outro meio de vida deveria ser feito antes que fosse tarde demais. Com o tempo eu ficaria velha, mais acomodada, mais apegada. Com o tempo eu teria mais a perder, teria mais compromissos, mais pactos e alianças, mais necessidades de me manter diante da máscara construída. Aquele era o momento. Eu não podia sair dali fingindo que tudo aquilo não existia. Era necessário fazer algo a respeito.

No mais, eu havia aprendido que olhar para trás depois de uma longa caminhada era sempre desfrutar de uma nova perspectiva, diferente daquela de quem só segue mirando adiante. Era bom por vezes girar-me, honrar o caminho já atravessado, perceber um novo encanto ao observar o que passou. Assim me despedi, sem dar as costas, com o desejo de que nada se perderia, pelo menos dentro de mim.

Mais uns baseados, mais orgasmos em hebraico, mais ventiladores de teto que giravam sobre e junto à minha cabeça. Era preciso me verticalizar e completar a travessia. Levantei-me e coloquei-me a enfiar as coisas na mala. Mencionei sobre minha relação de amor e ódio com a Índia e a necessidade de encará-la de frente. Mencionei sobre a saudade e a ojeriza em ter que voltar pra casa, sobre minha urgente despedida, sobre meu recente ímpeto em lidar com o que quer que viesse. Ele pediu que eu o esperasse, mas a mochila ficou pronta antes mesmo que eu pudesse pensar, a decisão foi tomada antes mesmo que eu pudesse pestanejar. Demorou mais de uma década para que eu parasse de ir embora – deixando as camas desfeitas – assim.

Cheguei à Índia, cheia de vida, cheia de mim. Apesar do temor imposto pelas percepções fantástica que eu havia fabulado sobre aquele lugar, minha realidade concreta foi sendo preenchida por seus ritmos, sons, aromas e sabores, que passaram não somente a me invadir, mas a serem partes de mim. Não levou muitos dias para que eu e ela nos fusionássemos. Eu perambulava pelos mercados ao ar livre, me desafiava na divertida arte de pechinchar, me deslumbrava com sua arquitetura, cores e temperos. Um lugar realmente fascinante. De lá para Londres, de Londres a Paris, de Paris ao Brasil, do Brasil a Minas Gerais. Tudo isso com 100 rúpias indianas, 8 *pounds*, 30 euros. Nem eu sei como conseguia essas peripécias. Eu estava de volta: faculdade, trabalho, diploma, aluguel, currículo, boletos, asfalto, bancos, prédios. Depois de atravessar a montanha e o oceano, nada mais seria intransponível, pensava. Achei que me tornara invencível, mas acabei tentando imitar a mim mesma.

Muito pouco consolidada em usar a língua materna para criar novos territórios, aos poucos emudeci. Foi tudo rápido demais e meu equipamento sensível entrou em pane. Não fui capaz – não mais, não ali, não daquele modo – de encontrar novos significados, de realocar-me em novas perspectivas, de questionar, de buscar o novo. Meu corpo e minha mente pareciam já não tolerar tantos deslocamentos. Minha inadequação pendulou entre perigo e potência, e eu já não mais sabia reconhecer os sinais de alerta. Parecia imprudente seguir adiante na ideia de não fazer parte.

Eu não tive suporte coletivo e nem autonomia suficiente para preservar meu gesto criador, que foi substituído pelo medo, pela velha e boa temperança, pela timidez, pelo recuo. Parecia necessário ser obediente, tirar dos meus ombros o peso da responsabilidade por uma realidade inventiva, pisar sobre o solo da normatividade e prover-me um mínimo de segurança e contorno. Mais do que livre, eu estava perdida.

Com a pele enrijecida como gesso, porcelana fina, tentei não perder o sorriso. Esfriei, me agarrei à construção de máscara plácida para aquele mundo conseguir encarar. Meus olhos deixavam de olhar outros olhos, não os encontrava. Se antes miravam sem pestanejar, brilhantes e curiosos, se projetariam então sob a película opaca na cegueira do esmaecimento. Ardiam, pois se piscassem transbordariam, derretendo o empenho em não demonstrar. Lutei para não me derreter. O queixo tremia, eu perdia o respiro, qualquer movimento me faria desmanchar. Na falta de espaço para o sentir, enrijeci. Na falta de espaço para dançar, endureci. Na falta de espaço para o ouvir, me calei. Na falta de espaço para o amor, eu deixei. Nem meus próprios braços lembraram-me sobre acolhimento. Em tentar resistir, esmoreci.

Um limiar, ali onde me encontrei. Eu já não sabia mais do limite entre a tolerância para a desorientação e a reorientação. Eu só precisava ser normal e cumprir com as regras do jogo. Eu só precisava me encaixar novamente para sentir que tudo estava sob controle. "Não chegue ao seu país achando que você se tornou uma pessoa boa demais" ecoava. Cessei a pulsão e entreguei ao vento as recém-exploradas cartografias, invoquei uma estratégia de pensamento a serviço da conservação e larguei-me no caos dos desejos pela vida que pede mais vida. Por aqui, precisaríamos simplesmente sobreviver.

Talvez fosse sobre habitar os extremos, sobre não existir em mim espaço entre o céu e o inferno, entre o topo do mundo e o buraco sem fundo. Entre este e aquele, transitei diretamente, sem precedentes. Passei a carregar um cartão de ponto, uma aliança de noivado dourada, um presente infeliz, um futuro certo, um sorrir indolente. Minha coluna se curvou, não mais se alinhava entre cabeça e coração. Escondi o peito dentro das costelas aparentes, encarando o chão como único lugar possível de abrigo. Na tentativa infundada de adaptação, desenvolvi disritmia cardíaca por estresse, emagreci até um peso muito abaixo do saudável, uma respiração ruidosa das recentes e constantes crises asmáticas. Desenvolvi síndrome do pânico. Era alto o preço dos meus desajustes e eu haveria de pagar por todos eles – pensava eu, imersa nas culpas e moralismos de uma mulher que recém-aprendia o gosto de viver sem amarras. Fazia o meu melhor, aos olhos de todos, portanto, se as coisas dessem errado, a responsabilidade não seria mais minha. Ou seria?

Me deitei, para o deleite dos generais, reacionários e conservadores, sobre a cama de Procusto. Dilacerei meus próprios membros para que pudessem caber nas dimensões exatas de uma existência entediante e enfadonha, na rotina de quem vende o corpo, a alma, o tempo e os sonhos – ao patrão, ao estado, ao marido. Incorporei os requisitos básicos do sistema, tão básicos quanto o capital: me despersonalizei, me tornei anônima para poder me mover como remessa de mercadoria, contribuí de mau grado mas fielmente às forças de trabalho e controle social. Não cabia a mim, não mais, tentar fazer diferente daquela poderosa entidade chamada "todo mundo".

Por mais que eu houvesse prometido a mim mesma não voltar à hotelaria, ou não trabalhar unicamente por dinheiro, arrumei emprego em mais um daqueles detestáveis hotéis de luxo. Trabalhava doze horas diárias em cobranças desumanas por perfeição e eficiência. Vesti o velho *tailleur* e o salto alto, tirei as cutículas, depilei o sovaco, tirei os *dreadlocks*, guardei os sonhos na gaveta, tranquei, engoli a chave. Tomei um bom vinho francês por cima, para ajudar a descer e disfarçar a mim mesma o desconforto de beber conscientemente o veneno da alienação. Claro que deveria ser assim mesmo – prometia-me, conjurada. "Não chegue ao seu país achando que você se tornou uma pessoa boa demais."

No desejo de ter a quem recorrer no caos-mundo que havia se instaurado então, selei relacionamento com um algoz, a quem eu chamei de Amor. Amor que dói, para ensinar compromisso à mulher profana que indumenta libertinagem. Passei a carregar no corpo os hematomas, as marcas de agressões. Parecia só me sobrar aguardar pela próxima cena de violência durante meses seguidos, entre gritos não ouvidos.

Por mais uma vez ele sentava-se no beiral da janela, dessa vez do sexto andar. Gemeu, esperneou, ameaçou se largar no vazio e começou a arrancar as roupas, como se tentando tirar de si o que já lhe era insuportável. Eu, seca das lágrimas que de mais nada serviam, segurava sua mão, com toda a força possível. Segurava junto a sua vida. Pedi aos céus para que ele se libertasse daquilo que o corroía. Pedi silenciosamente para que fosse comigo. Julgava-me suficientemente forte. Eu aguentaria.

Foi assim que eu entrei em pânico, e ele saiu do pânico. Soltei sua mão perplexa. Meu corpo foi tomado pelo caos da dor, da angústia e do medo. Ele, já de volta a si, desceu calmamente da janela, em plena consciência, me aninhou em seu colo e repetia "eu sei o que você está sentindo", "eu sei, sei como é". Me embalava como a um bebê em bramidos, tentando abrir minha boca para derramar gotas do néctar de Rivotril que eu insistia em cuspir fora do corpo e da alma. Desde então, no sentir urgente, desconfio de quem quer me dopar. Por mais que doesse, eu não poderia me anestesiar, por mais que doesse, o sentir era o fio que me mantinha ainda presa ao elo frágil da vida pulsante. Era necessário seguir sentindo, por mais que doesse, por mais que doesse. "Isso não me pertence", eu dizia de novo e de novo. Voltei a respirar, lembrei de respirar, de sentir minha respiração. O ar que entra e sai das narinas, as sensações na região das narinas, o ar que entra e sai, entra e sai, as sensações, as sensações nas mão, as palmas das mãos. Elas queimavam, dormente, latejavam, expandiam, contraíam. Todas as sensações habitavam as palmas de minhas mãos: frio e calor, dor e angústia, vontade de pular da janela, "isso não me pertence", a vontade de arrancar a roupa, o Amor, o desejo deslocado, o sonho de viver em paz, a necessidade de seguir em frente. Estava tudo ali, na palma das minhas mãos.

    No dia seguinte entrei em contato com minha tia Marthinha, das poucas na família que conhecia sobre o mistério dos percalços que fazem crescer, sobre a sabedoria oculta dos ritos de passagem, sobre a vida-morte-vida no ciclo das regenerações necessárias. Compartilhei sobre a crise de pânico, sobre as palmas das mãos, sobre a sensação de alerta que havia se instaurado, sobre a intuição de que algo outro estava em curso, em busca de revelação. Ela fortaleceu a ideia de que os desequilíbrios apontavam caminhos e respostas possíveis a novos direcionamentos, e me indicou participar de uma iniciação em reiki, que aconteceria a poucos dias dali. Me debrucei em choros e soluços quando o próprio Jesus se apresentou de pé diante de mim. O nosso amor já não seria mais platônico, enfim. Colocou suas mãos sobre minha cabeça, ativou-me um calor que em nada parecia com a quentura dos desejos da carne, e de quebra descobri sobre a cura com as mãos. Me ajoelhei porque não era mais possível manter-me de pé. Curvei-me porque ali me sentia mais perto das memórias do coração. Há muita sabedoria em estar no chão e entregar-se aos escombros.

Mais uma semana se iniciava. Saí da lotação rumo ao trabalho e antes mesmo que o sol acordasse, fui banhada em chuva de esgoto por um ônibus apressado. Naquela familiar avenida inundada eu me afogara tantas e tantas vezes, mesmo na seca. Soltei um grito gutural de ódio e de guerra, que mesmo descabido, não fez com que ninguém deixasse de seguir o compasso acelerado das maquinarias de produção. Era março em Belo Horizonte e as chuvas caiam ansiosas por uma limpeza que eu também aguardava. Na cidade cinza e rígida, porém, a água não corria, estancava, saía pelos córregos e repousava morta e fétida dentro de mim. Ao perder a conta do sem-número de promessas de que aquela seria a última vez, ela realmente chegou, eu poderia então desaguar. Fiz o caminho reverso, voltei para casa e pedi demissão. Poucos dias depois, ao me ver novamente trêmula e encurralada num canto de parede sob gritos violentos e ofensivos daquele tal Amor, eu consegui enfim pedir ajuda. Consegui pela primeira vez assumir aos outros e a mim mesma sobre as violências sofridas.

De braços dados com minha mãe, peguei a estrada rumo à sua casa, entre vômitos e lágrimas. Eu literalmente fugi de tudo aquilo que estava aos poucos me matando, me comendo desde as vísceras. Voltei com o rabo entre as pernas a viver sob a tutela de meus pais. Era necessário ter espaço seguro e proteção. Era necessário lamber as feridas. Foi preciso me enterrar bem, no limite do mal-estar, para poder recobrar as possibilidades de germinação. Assim passaram-se longos dias e repentinos meses.

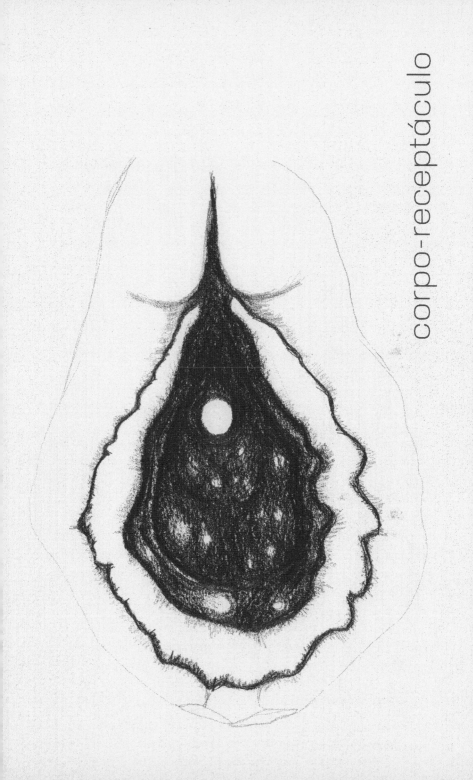

corpo-receptáculo

Tínhamos trocado uma dúzia de palavras durante as poucas horas entre nosso encontro até sua partida da Índia, e eis que ele reaparece: "lembra de mim?", perguntava animado do outro lado da linha. Eu lembrava. Um ano antes estávamos em um café em Dharamsala e ele me fez rir tanto que eu quase caí da cadeira. Me fez despencar e me pegou no ar. Me derrubou e me elevou em um mesmo movimento. Eu haveria de lembrar, só não haveria de saber o quanto minha vida se transformaria a partir daquele pequeno instante. Na época ele vivia na Austrália e estava voltando para casa depois de uma jornada de volta ao mundo. Eu, dois dias depois, estaria de volta à França. Nunca mais nos vimos, ou nos falamos, até aquele inesperado telefonema.

Com meu consentimento, pegou o carro e dirigiu de Porto Alegre até Minas Gerais, segundo ele, em um tiro. Me contou que em seu retorno à Austrália, ao se deparar com sua noiva, com quem havia se relacionado por uma década, se deu conta de que tudo havia mudado. Terminou o relacionamento, cancelou os planos do casamento, voltou ao Brasil para velar o pai e aguardou o "momento certo" para falar comigo. Me convidou para construirmos uma vida juntos. Depois de três efêmeros encontros, larguei tudo mesmo sem ter nada e nos mudamos para uma praia isolada ao sul de Santa Catarina, onde eu nunca antes havia estado.

Foi em suas águas salgadas que me limpei. Nadava de margem a margem, sem parar, por horas a fio, todos os dias. Coisa única que acalmava meus medos, que eram muitos: medo de seguir adiante na caminhada e novamente cair, o medo de confiar e me entregar, o recém-descoberto medo da vida, medo dos homens, medo de me relacionar, de não ser capaz de olhar por mim mesma, de não ser capaz de fazer boas escolhas, de me tornar triste por demais ou de ser ingenuamente feliz, medo de subir a montanha e novamente ser lançada, vertiginosamente, ao vazio. Em suas ondas bravias, lançada na anarquia do sentir demasiado, no descontrole das águas que purificam até os mais fortalecidos egos, encontrei o repouso no cais ou no caos. Desgarrei-me das bordas e lá encontrei onde mora a cura – para a mente farta, o corpo fatigado, a alma entristecida, o coração partido, os sonhos esquecidos. Apesar de tentar meu melhor, nem o luto, o esforço ou a paciência foram suficientes. Hoje, quase duas décadas depois, ainda encontro resquícios, assombros e estilhaços dos traumas, ao me deparar com velhos automatismos. Talvez algumas coisas não sirvam para serem deixadas para trás, mas guardadas como amuletos de proteção. A mãe das águas transformou em belas conchas minhas dores jogadas ao mar, e delas fiz um colar.

Passo a passo, a vida foi voltando a tomar tino. Eu a manuseava com a ponta dos dedos, em impecabilidade e capricho, até que devidamente restaurada em artesanais alinhavos. Eu havia recém-descoberto o poder de avoejar, e agora a vida me pedia pra andar devagar, direitinho, passo por passo. Em pequenos gestos passei a criar a possibilidade de uma rotina equilibrada.

Passamos a viver afastados do resto do mundo, imersos em um ecossistema pulsante, subindo e descendo a montanha, entre a mata atlântica e o mar. Do mar víamos o topo, e do topo víamos o mar. Era seguro atravessar entre o que havia abaixo e acima de nós. Nossas vidas se entrelaçaram em um delicado tecido. Éramos jovens e tínhamos desejos, força de vontade, sonhos e coragem. O que nos faltasse, conquistaríamos. Fui vender comidinhas veganas na praia, realizada por minhas novas aptidões. Estar vivendo de sol e lua, de brisa, pés e mãos na terra, era a realização de uma vida nunca pretendida. Nos banhávamos na água salgada e tirávamos o ardido do sol na água doce, dormindo ao relento. Cada pôr e nascer do sol era celebrado como um novo acontecimento, comíamos fruta do pé, os demais alimentos eram colhidos da terra. Eu cuidava da horta, do fogo, da manutenção da vida dentro e fora de mim. Estudava florais, ayurveda, herbologia, música e saberes ancestrais.

Encontrava finalmente pessoas com quem eu poderia ser junto, criar relações afetivas de crescimento e confiança. Em calma, com alma, aos poucos voltei a falar sobre mim mesma para outras companhias que não a água. Sentia ter encontrado meu lugar no mundo, que não era de fato um espaço físico. Sentia ter encontrado uma família, não consanguínea, mas que compartilhava dos mesmos ritos de afirmação da vida em sua potência criativa, da mesma vontade de manifestar uma realidade diferente daquela imposta lá fora. Cada um com sua origem, com suas histórias, utopias, ideologias e desafios. Estávamos juntos naquela vila de pescadores, recriando nosso mundo em cada gesto, sendo a resistência no labor da rotina, descomplicando, aprendendo a arte de dilatar o tempo, desfrutando a experiência enquanto viventes.

Passado o primeiro verão, me sentia renovada, pertencente e forte, em profunda conexão com toda a natureza viva ao meu entorno. O inverno estava chegando e a previsão era de que o turismo se reduziria, o que nos impelia a um processo migratório para seguir trabalhando. Miramos longe, o norte, o oriente, qualquer lugar que possibilitasse voos mais altos. Essa seria mais uma jornada de investigação, para que pudéssemos aprender, estudar, fazer formações, explorar um pouco mais desse universo das práticas terapêuticas, soltar um pouco mais as amarras e criar condições mais consistentes e fecundas de seguir com as nossas escolhas de vida.

Era 2009, um ano de travessia por um processo contínuo de transfiguração que se iniciou na Índia, mesmo lugar onde havíamos nos encontrado pela primeira vez, anos atrás. Comecei um curso de formação de yoga pela linhagem Shivananda, à beira do Ganges. Meu desejo não era evidente a respeito de me tornar uma instrutora na prática, mas dar a mim mesma a possibilidade de aprofundamento. Ali, praticando por oito horas diárias, experimentei uma força vital nunca antes sentida.

Seguidas semanas a fio em estudo, recebi de meu professor a notícia de que eu deveria substituí-lo na condução de uma das práticas abertas ao público. Eu me sentia despreparada e ansiosa, o que me rendeu algumas boas noites maldormidas. Me parecia um tanto demais começar a dar aulas justo para um grupo de praticantes estrangeiros e muito experientes, na Índia. Entretanto, logo no início das instruções, ao entoar o primeiro mantra, já me senti em casa. Fui acometida por um vazio pleno, centramento, confiança no sentimento de estar sendo guiada. Ao fim da condução, a resposta dos alunos foi altamente positiva: os olhos brilhantes, os sorrisos largos, o peito aberto, os agradecimentos sinceros por terem se sentido tão bem sob minha condução. Foi a primeira vez que eu pensei que talvez pudesse fazer deste servir uma realidade cotidiana em minha vida. Demorou alguns dias para que eu voltasse a sentir meus pés no chão e saísse do vislumbre.

Desde a Índia, segui os estudos em massagem tibetana e outras linhas do yoga, mantive minhas práticas nos centros de *vipassana*, e no caminho passamos a encontrar muitas pessoas que, como nós, estavam em processo de revisão e (re)construção de si. Partimos à Indonésia com a intenção de trabalhar com fotografias de surfe. Coisas dele, que começavam a fazer parte também de mim. Das montanhas para o mar. As primeiras semanas de trabalho foram promissoras, vendíamos nossas fotografias para gringos que queriam lembranças de suas melhores ondas no paraíso, mas algumas semanas mais tarde, a maré mudou. As ondas já não estavam tão boas e as praias estavam dominadas por fotógrafos locais que deixavam claro, de forma brusca, que aquele território era deles.

O dinheiro acabou, mal tínhamos condições de cobrir nossa hospedagem e muito menos de pagar o transporte para nos deslocarmos da ilha. Passei a trabalhar como *host* em um restaurante balinês em troca de comida, até receber um convite inusitado para trabalhar como terapeuta. Uma garota que sofria de transtorno alimentar havia ouvido algumas histórias sobre os meus estudos e me contatou dizendo que precisava de ajuda. Estava bem acima de seu peso e, segundo ela, comia até vomitar tentando se matar por dentro. Dizia que seu problema era ansiedade e baixa autoestima. Ruidosos padrões de autocrítica não arredavam pé de seus ouvidos. Expliquei a ela que eu não era exatamente uma terapeuta, que julgava não ter as ferramentas necessárias para ajudá-la, mas que eu estaria disponível para apoiar seu processo como pudesse, mais de perto.

Um ensaio fotográfico em Ubud foi a primeira coisa que fizemos. Empunhei minha câmera e passei a fazer com ela o mesmo que fazia com os nepaleses: mirava seus olhos com a câmera baixa e aguardava até que nos olhássemos sobre as lentes da verdade e da transparência. Ela era realmente linda. Seus olhos, seus lábios, suas formas cheias de carne e vida, seus seios e glúteos arredondados e fartos. Através das lentes o mito da beleza foi se dissolvendo em suas falaciosas pretensões. Eu olhava admirada cada parte daquele corpo tido como inadequado e através das imagens, ela pôde também se enxergar.

Ela se mudou para o bangalô ao lado. Passávamos o dia juntas. O dia começava com uma prática de yoga de duas horas, seguida de estudos a respeito da filosofia, anatomia e história. O pouco que eu havia aprendido, compartilhava. Pela tarde fazíamos sessões de reiki e massagem. Cozinhávamos e cuidávamos juntas dos alimentos que ela escolhia ingerir. Conversávamos um tanto sobre tudo e mais um pouco, e com o passar dos dias nos tornamos amigas e confidentes. Incentivada por nossas experiências, ela mudou todos os seus planos e seguiu da Indonésia diretamente para a Índia, onde iniciou suas pesquisas em Ayurveda. Nos encontramos uma década mais tarde, com grande comoção, em perceber o grande impacto que aquelas semanas tiveram sobre as nossas vidas.

Comecei ali a construir um contorno a respeito de meu exercício enquanto terapeuta, e consegui os recursos para voar até a Europa. Não era suficiente para chegar à América, mas já estaríamos no meio do caminho. Passamos um tempo vivendo de favores na casa de uns amigos, dormindo no sofá da sala de estar. Me divirto com a lembrança de que, durante minha passagem pela na Indonésia, fui presenteada com um livro sobre a capacidade de cocriação da própria realidade, o tal do falacioso *O segredo*. Minha necessidade de ser pragmática era maior do que de ter meus desejos milagrosamente atendidos, assim, meu desejo a ser manifestado se resumia a um vento na cara enquanto pedalava uma bicicleta. Mais prático impossível. Fiz todos os exercícios sugeridos no livro, na ousadia de desafiar suas supostas "leis". Coincidência ou não, fui levada por um amigo a um galpão lotado de bicicletas e alertada de ser esse o único trabalho disponível sem documentação. Quando me dei conta, estava no centro de Londres, com um contêiner de sanduíches acoplado a uma bicicleta, pedalando cinco horas diárias por prédios comerciais, vendendo iogurtes e lanchinhos. Como mal tínhamos dinheiro para uma alimentação apropriada, eu me escondia no banheiro e comia todos os iogurtes possíveis – até hoje consigo sentir o gosto. Quando não os vendia, podia levá-los para casa por conta da validade. Antes que alguém os comprasse eu os consumia, garantindo o café da manhã e o almoço para conseguir pedalar o quanto ainda fosse necessário.

    Essa coisa de comer escondida no banheiro começou em uma Páscoa de 1990, com um ovo de chocolate que eu decidi me pertencer. Abri com uma cautela cirúrgica o ruidoso plástico, e testemunhada pelas borboletas decorativas do tampo da privada, comi cada pedaço como eu-mulher a comer um amante. Meu pequeno estômago já se recusava ao devoramento impetuoso e lento, mas o compromisso em levar ao final a tarefa era mais importante. Descobriram-me meses depois, quando minha irmã, a quem o ovo se destinava, encontrou a embalagem escondida no fundo da gaveta, entre minhas calcinhas. Essa cena seguiu se repetindo, enquanto babá no banheiro de ludotecas parisienses, ou vestida em *tailleur* no lavabo dos restaurantes de luxo, e ali, pelas cabines sanitárias nos escritórios londrinos. Não me recordo se de fato estava com tanta fome, se de fato não havia mesmo dinheiro nenhum para comprar o próprio alimento, ou se era ainda resquícios da menina de cinco anos a revelar a honesta pobreza e clandestinidade de suas alegrias. A felicidade é hoje, para mim, um prato servido quente, candente e *al dente*, à mesa.

Aos fins de semana montávamos um camelô em Camden Town para vender pedras preciosas indianas. Sem muito sucesso, mas valia a experiência de estar no meio de toda aquela profusão cosmopolita e intensa. Conseguimos os valores das passagens para retornar ao Brasil. Eu já estava com a saúde debilitada por me alimentar unicamente de sanduíches de atum e iogurtes, pelo extenuante esforço físico da bicicleta e pela atmosfera um tanto densa na monocromática capital inglesa. Era urgente voltar a pisar na terra.

Poucas semanas depois do nosso retorno ao Brasil, de volta em casa e nos preparando para o verão, trocamos a venda de salgadinhos veganos na praia pela decisão de abrir nosso próprio restaurante. Meu companheiro havia trabalhado bons anos como cozinheiro na Austrália, e eu tinha a experiência da hotelaria. Uma estrutura pronta nos foi ofertada como arrendamento e assim experimentamos pela primeira vez um pouco mais de segurança financeira. O verão, porém, durou pouco. No final da temporada os turistas sumiram, os restaurantes fecharam as portas. Nosso próximo destino seria o centro do *vipassana* em Miguel Pereira, antes de partir ao litoral da Espanha.

"Para que mesmo mais um curso desses de meditação?", era o que eu pensava, sentada sobre uma pedra a contemplar as montanhas, acessando memórias das últimas vezes que estive ali. Preenchi a ficha de inscrição até chegar num ponto nodal, quase um tropeço: a pergunta sobre estar ou não gestando. Me desloco até a secretaria e pergunto pela possibilidade de usar o telefone. A atendente me diz que é somente para urgências, e eu explico que não poderia preencher aquele formulário se não tivesse a chance de ligar para o laboratório e pegar o resultado do Beta HCG, feito pela manhã. Seria a cargo dela decidir se aquilo era, ou não, uma urgência.

Estava me sentindo um pouco estranha nos últimos dias. Sempre tocando minha barriga, com pressão baixa e um tanto enjoada. Emocionalmente instável, não permitia que meu companheiro se aproximasse, e facilmente o enfrentava em uma constante insatisfação e repulsa por quase tudo o que ele fizesse. "Com uma TPM constante", ele dizia. Há alguns meses eu havia parado com a pílula, depois de quase uma década de hormônios artificiais eu já não queria seguir me dopando. Na época, porém, tive pouco acesso a informações de qualidade sobre métodos de percepção de fertilidade. Nem minha médica ginecologista era capaz de sair do falacioso mito do 14º dia da ovulação.

"Positivo", ouvi trêmula do outro lado da linha. Na sequência, o sino tocou, terminei de preencher o formulário em choque, era momento de começar a meditação. "Você vai ser pai", eu disse baixinho no seu ouvido, ao nos despedirmos em silêncio. Não podíamos sequer nos abraçar. Segui para a ala feminina e ele para a masculina. Nos encontraríamos dez dias depois, do outro lado, feita a travessia de silêncio absoluto e treze horas de meditação por dia.

Achei que estando em meu quinto *vipassana*, seria poupada de qualquer surpresa, mas não foi o caso. Desde o primeiro segundo em silêncio, mergulhei em completo desespero, me afogando ao respirar: onde vou morar? O que farei de agora em diante? Não tenho emprego, não tenho casa, não tenho renda, nem reserva financeira. Estou pronta para constituir uma família? Quero mesmo ficar ao lado desse homem? Eu deveria ficar ao lado desse homem? Quem é esse homem? Ele sabe cuidar de si mesmo? Eu sei cuidar de mim? E de outra pessoa? Tenho 25 anos, tanta vida pela frente. Acabou? E as minhas viagens? E o meu tempo? E a minha liberdade? E meus planos para o futuro? Quais planos para o futuro? Eu nunca tinha planos para o futuro. Tinha muitos planos, mas vivia tropeçando neles. O que eu faria da minha vida? Deveria abortar? Talvez fosse o momento de começar a fazer os benditos planos para o futuro, e, principalmente, começar a permanecer neles. Seria eu capaz? Tínhamos um ao outro? Seguiríamos adiante como família?

    Me perguntei muitas vezes sobre quais as possibilidades de, em pleno século XXI, uma mulher bem instruída ter uma gravidez indesejada. Lembrei-me quando, meses antes, durante o solstício de verão, um amigo irlandês, que carregava cachaça e Dostoiévski embaixo do braço, me guiou num antigo rito celta. Depois de evocar um poema sobre os quatro elementos, ele acendeu uma fogueira e me sugeriu queimar um papel escrito com tudo aquilo o que eu gostaria de manifestar em meu novo ciclo. Não me lembro com clareza sobre quais as palavras escritas, mas incluíam "deixar para trás a insensatez juvenil", "amadurecer", algo assim. Não estava subentendido um bebê, mas devo admitir que o universo parecia ter criado um belo atalho. Mais ou menos como a história da manifestação das bicicletas de Londres, eu precisava aprender a sustentar meus rezos, ou ao menos aprender a pedir direitinho.

    Essa história bonita do rito celta talvez só tivesse me vindo à lembrança na tentativa de romantizar o desastre de ter um filho naquele momento. Talvez eu fosse só mais uma entre tantas mulheres que viviam uma gravidez compulsória. Talvez já fosse a hora de eu deixar a tal positividade tóxica menos operante. Talvez ser mãe fosse sim um desejo, mas um desejo não consciente. Era estranho, mas eu simplesmente sentia o chamado por experimentar algo que nunca havia vivido. O mundo todo parecia o resto para mim. Eu queria algo mais.

Entre uma piração e outra, no furacão atormentado dos pensamentos repetitivos e tóxicos, eu conseguia ouvir apenas uma palavra ou outra das gravações de áudio – uma década depois, elas seguiam as mesmas. Segundo Gautama, ele mesmo, o Buda, o sofrimento é uma verdade absoluta. Gosto dessa ideia porque sempre me achei um tanto desajustada por sentir em demasia. Ele dava atestado de humanidade para o meu sofrimento, e ao sofrer em paz, eu sofria menos. O engraçado é que, se tratando de mãe com bebê na barriga, não existe a possibilidade de sofrer em paz. Imagina passar o sofrimento para o bebê? A criatura ainda nem chegou na terra e já está sendo pressurizada em líquido amniótico com memórias ancestrais de dor e trauma. Minha estratégia então era fazer a Monalisa, bancar um sorriso maroto e fingir que nada me afligia. Quando a respiração ia um cadinho mais profunda, eu me movia ali, a bundinha um pouco pra direita, a cabeça pra esquerda, amarrava o cabelo, coçava os olhos, estalava os dedos, e voltava para a pose. Ah, a pose! Quinto *vipassana* e eu ainda achava que conseguiria manter a pose. Um, dois, três dias, até sustentei. Dessa vez, ao invés de tomada por um corpo convulsionado, só me dei conta do ridículo mesmo. Se Buda estava ali, há tantas reencarnações falando na minha cabeça sobre o sofrimento ser uma verdade absoluta, porque diabos euzinha haveria de conseguir proteger o meu filho do tal sofrimento? Quanta ingenuidade – pra não dizer ignorância. Parei de brincar de meditar e respirei fundo, em direção a qualquer coisa um pouco menos superficial.

    A este que fez abrigo em meu útero, me apresentei. Junto de mim, meus infernos, meus monstros, meus demônios. Ele me conheceria, por dentro, desde dentro. O recebo cavando forçosamente um espaço no meu coração e em minha vida, acolhendo a culpa da recusa. Seguiríamos adiante, seja lá o que fosse que a vida nos reservasse. Podia até mesmo prever o rebuliço que suas gargalhadas e birras me causariam. Já sabia exatamente do que ele seria feito. Menos de dois meses de gestação e eu já o sentia exatamente como agora o sinto.

Terminados os dez dias, minha barriga já começava a projetar-se cheia de orgulho. Com expectativas e planos, encontrei o pai do meu filho que não conseguiu, depois de tanta meditação, dizer-me nada melhor do que "com quantos homens você já transou?". Foi esse o começo do fim. Ficava claro para onde tudo aquilo nos levaria, a fuçar nossos defeitos, a fazer amor e roçar as feridas, aguardando o momento de não poder mais. Respondi que perdera a conta. E que sim, orgulhava-me disso. Ele até desejava seguir adiante, assim como eu, ele até fazia seu melhor, mas não sabia como fazê-lo. As putas se orgulham de suas bucetas despatriarcadas sem soberanas culpas. No amor não há espaço para a moral, mas sem ética não se faz possível o amor. Para nós dois, não sobrava nem a ética, nem a moral, nem o amor. Talvez eu seja mesmo *la puta que pariu*... Mas ali me sentia a virgem santa fecundada por Deus em um ato de serviço e comunhão. Ele honestamente queria, eu também, que desse certo. Mas não foi o suficiente, não foi nunca o bastante. Desde ali, menino ainda feto, o pai soberano já me expulsava sem me largar.

Ao som de *Redemption Song*, Bento chegou ao mundo com uma cabeça de cone, moldada no meu canal vaginal pelas infinitas horas de expulsivo. O parto certamente não foi difícil só para mim. Eu tentava me agarrar às paredes em busca de um suporte qualquer que me elevasse do chão movediço. Minha sogra e meu companheiro, por mais que performassem o que quer que fosse a meu intento, diziam-me em silêncio, assim como as paredes lisas, que não fariam nada por mim. Durante quatorze horas, "eu estou sofrendo" foi a única expressão substancial que saía. O resto era gemido, bramido e choro. Anos depois entendi que meu sofrimento não era sobre a dor de parto.

Bento chegou rasgando minha vulva de dentro pra fora, me partiu ao meio, e nos conhecemos enfim. Desde o momento de seu nascimento até o dia de hoje, o processo seguiu sendo de reconhecimento, que foi sutilmente se diluindo em intensidade no correr dos anos. Não acredito que tenha diminuído a necessidade de um olhar curioso sobre ele, pois sigo o carregando como algo desconhecido e o observando com atenção ativa, aguçando meus sentidos para compreendê-lo em suas tantas nuances, facetas, mecanismos, expressões – hoje, porém, acontece com menos esforço. Olhar aquele pequeno estranho rompeu em destroços a ilusão impregnada nos discursos românticos sobre a maternidade e o instinto materno, seja lá o que isso signifique. O amor não foi instantâneo. O medo de perder e o ônus da dependência foram.

Seu corpo havia saído do meu, mas era distinto de mim. O cordão havia sido cortado, mas estávamos completamente fusionados. Ele era pequeno, mas me esmagava e pesava mais do que eu sabia ser possível carregar sob minha estrutura, que se tornava então seca e fraca. Difícil é consolar coisa que por ter nascido se espante. Eu estava desaparecendo, dissolvendo, devastada, me decompondo. Completamente sugada e debulhada, não sabia mais onde eu começava e ele terminava. De um dia para o outro, deixei de existir.

Cancelei os planos de uma vida autocentrada, desenhei novos trajetos, reinventei minha própria existência em sendo junto. Seus olhos e sorriso compassivos acalmaram minha inquietude, adoçaram um tanto do amargo e azedo, mesmo revelando que a vida seria então crua e um tanto dura. Por um ano e meio optei por deixar minhas atividades profissionais e estudos de lado, para me dedicar à maternidade. Um acordo que manteve a relação com o pai, já deteriorada, pendurada por pequenos fios frágeis até que eu estivesse pronta para voltar ao mundo. Livre demanda, corpo-materno, esvaziamento e sucção, esquecimentos, desilusões e outros respiros sufocados. Estar em casa com meu bebê em nosso primeiro ano de vida juntos foi uma das experiências mais transformadoras e traumáticas já vividas. Escolhi assim, seguindo o desejo de encarar meu filho e a mim mesma mais de perto. Só para constar, faria tudo de novo.

Uma rotina coreografada embalava nossos dias: acordar cedo, dar o peito, tomar banho de sol, dar banho higiênico, dar o peito, colocar para dormir, lavar roupas, fazer comida, organizar a casa, dar o peito, ficar olhando para ele até que demonstrasse algum sinal de fome, sono ou fralda suja, dar o peito, colocar para dormir, dar o peito, passear pelas estradas de terra mostrando para ele as árvores, o céu, as flores, as borboletas, o mundo bonito que ele morava, preparar a janta, apagar as luzes e acender o abajur, fazer massagem com óleos para aliviar as cólicas e o sono agitado da noite, para ativar o afeto, para olhar nos olhos. Dar o banho da noite, dar o peito, colocar para dormir, acordar, dar o peito, trocar fralda, colocar para dormir, acordar sem saber se era noite ou dia. Começar tudo novamente. Esse era o roteiro, que nunca funcionava e que eu nunca desistia de cumprir. Entre todas as frustrações da falta de controle, até me orgulhava das olheiras arroxeadas que me davam um ar fatigado e me libertava de justificar a evidente dificuldade em sentir-me feliz. Se eu não soubesse como amar era por culpa do cansaço.

Entre os tons tortos do nosso relógio, que já não eram compatíveis com mensuráveis horas, Bento e eu habitávamos um espaço que ninguém era capaz de compreender ou penetrar. Nossas existências orbitavam em um outro plano sutil, simbólico – lágrimas, excrementos, pele, odor, boca, lábios, mamilo, sangue. A quantidade de leite que jorrava de meu peito era diretamente proporcional ao quanto eu me sentia amada e disposta a amar, e seu sono ou a falta dele, dependia do silêncio ou da ruides do meu mentar. Meu estado emocional nos empurrava entre caminhos agrestes ou abundantes oásis. Nada era qualificado ou quantificado. Tudo era sentido. Tudo era factível de existir através dos sentidos. No seu reclamar eu ouvia minhas reclamações secretas, ele se tornara eco daquilo que nem eu conseguia decifrar sobre mim. Me fazendo enxergar o que estava por trás dos olhos, se tornara reflexo daquilo que eu não queria ver sobre meu lado de dentro. Enquanto serva de um corpo miúdo e exigente, fui podada e assisti às manifestações mais puras das minhas sombras e do meu inconsciente.

Em quase dois anos do rebento, nos mudamos seis vezes de casa, na mesma vila. Não me pergunte o motivo. Já perguntei ao pai, ele nunca soube responder. Desconfio que mudar de casa parecia algo próximo do movimento ao qual estávamos acostumados. Senão, era a tentativa distorcida de promover possíveis mudanças positivas. Mas no encaixotar e botar no lugar, a vida ia ficando cada vez mais bagunçada.

Moramos em uma cabana no vale, que construímos com as próprias mãos. Água só da cachoeira, luz só de sol ou de vela. Parte em madeira, tábuas se envergavam tortas e encavaladas. Os vãos no teto convidavam a chuva noroeste a deitar-se sobre o mezanino e a cama. Por vezes o chão virava leito, pela urgência do amor úmido ou pela necessidade de nos mantermos secos. As brechas entre as treliças na varanda beliscavam os pés, o que me atinava a andar com as bordas externas sem arrastar-me, para poupar da sola as farpas. Nas paredes, fendas tornavam permeáveis os mundos de fora. Não sei se era torta a porta, a parede ou o chão mas a abertura irregular e barulhenta da porta incentivava manter a casa sempre aberta. Porta fechada ou porta aberta, nem muita diferença fazia. De fato nunca fomos capazes de selar os acordos e nos cuidarmos entre nós. Nunca deixamos de mirar as paredes e atravessar os olhares ao que havia do lado de lá. O piso era polido com ardor, mas já encardido pela obra que parecia não chegar ao fim. Não adiantava varrer, passar pano, lavar com sabão ou esfregar com piaçava. O chão ao qual nos sustentávamos estaria sempre manchado. De fato nunca fomos capazes de recomeçar, perdoar, retocar o gasto. Na parede de pedras, algumas se recostavam desajeitadas no cimento, outras milimetricamente encaixadas deitavam-se umas sobre as outras. Por vezes, um verde as escapava, crescendo por entre as frestas. Arranquei aquele matinho sobre o fogão a lenha, mas ele voltou a crescer, com a mesma cara de antes. Arranquei novamente, e ele insistiu em voltar. Heroico, crescer por entre as frestas, negligente, não manejar a infestação das ervas daninhas. Por fim desisti, e quando em tempo a casa foi tomada por tudo o que a rodeava. Era certo que não conseguiríamos nos manter inóculos, mas mesmo assim nos semeamos.

Moramos também na casa rosa, que entrava pouco sol e era então necessário deixar a luz acesa durante o dia todo, e durante toda a noite, tornando estes indistintos. Tinha a casinha de quarto com banheiro, que era tão pequena que eu tinha a impressão de não ter distância suficiente nem de mim mesma. Havia nela um muro maior do que a fundação da casa inteira, e eu ainda não entendi do que estávamos nos protegendo.

Moramos na casa da vizinha do vale. Vizinha que sempre havia nos criticado. De dentro da casa dela podia criticar-nos mais de perto. Nós a criticávamos pelo exagero na construção da casa, casa essa que depois alugamos com a condição de não poder usar a suíte do casal e nem a banheira. Tinha também a casa do mercadinho, sobre o único ponto comercial da vila, que só era mais frequentado do que a igreja evangélica. Frequentado, portanto, por todos os evangélicos. Era preciso discrição, era preciso falar baixo. Foram tantas brigas comedidas, que meu único grito foi o último.

Teve ainda o palácio de três andares edificado pelas mãos do pai do meu filho, o provedor, que mais do que um filho, parecia ter ganho um herdeiro. Ele pouco se fazia presente, justificando a constante ausência pela obrigação de construir um forte. A mim coube colocar os azulejos no banheiro. O fiz em cacos, tomando todas as paredes de mosaico com contornos de gotas, folhas e flores. Ao terminar o encaixe de cada um dos fragmentos, dei minha estadia por completa. A casa a ser edificada era mesmo a do corpo, do corpo-meu.

Ele, o pai do meu filho, que irá se achar no direito, e terá o direito, de ter acesso a mim pelo resto dos meus dias, chega em casa e reclama que o almoço está atrasado. Eu olho para o fogão, tem arroz, feijão, tem vegetais gratinados, mas a mandioca está fritando, e por isso atrasou. Eu queria fazer a mandioca mesmo correndo o risco de atrasar, porque sei que ele gosta. Mas atrasou, e agora ele está reclamando. Eu estou cansada, não dormi bem durante a noite, parece que já não consigo mais raciocinar direito. Falo comigo mesma o dia todo, e a solidão se tornou aquela que mais me conhece. Só ela testemunha meus dramas com a mandioca que frita num ritmo lento demais para o tempo dos homens. Eu sorrio e digo que pode esperar, que vai valer a pena pois terá a mandioca que ele gosta. Ele reclama. E eu não consigo lembrar bem o que ele diz, acho que naquela altura já não compreendia bem o que ele dizia. Parece que eu só sentia, não pensava mais. Sentia raiva, pois ele dizia algo que remetia a ser alguém muito ocupado, reclamando que eu estava atrasando os seus compromissos importantes. Sinto raiva porque parecia dizer que o meu fazer não era importante, que ele tinha mais valor porque era ele quem ganhava o dinheiro. Antes eu fazia o meu próprio dinheiro, antes eu fazia mesmo sem dinheiro. Mas então estou ali, fritando a mandioca. E naquele momento, só havia o compromisso, o meu atraso, a falta de dinheiro, cobrança de sobra. Ele reclamava como quem estivesse dando um recado importante sobre qualquer outra coisa. Eu entendo o recado, percebo a importância que ele carrega sobre si mesmo. Eu entendi meu papel naquele cenário. Eu entendi que ele tinha uma empregada para a qual não precisa pagar pelos seus serviços. Eu lembrei que ele voltaria algumas horas depois e ia querer sexo. E que reclamaria que estamos tendo pouco sexo. Era preciso que o não se tornasse uma sentença completa. Foi quando peguei o prato da mesa, disposto entre um garfo à esquerda e uma faca à direita com a serra para dentro, e joguei tudo no chão. Nunca mais voltei. Dele, levei o filho, que carregava em sua pele o mesmo cheiro que exalava de nós dois depois do coito. Demorou para que eu conseguisse tragar aquele odor impregnado no pequeno.

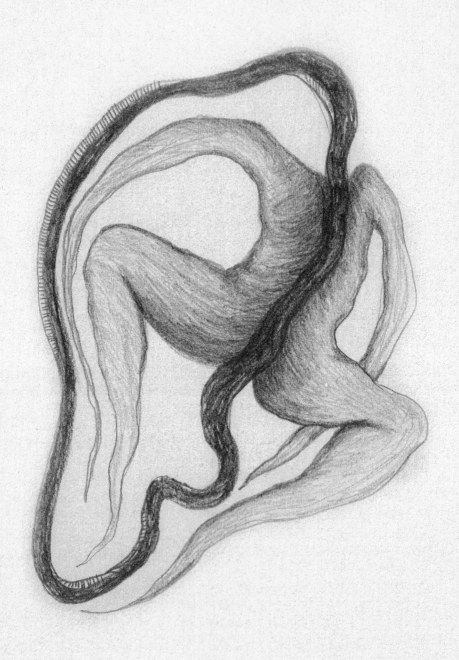

corpo-serpente

É certo que existe sempre um lugar um pouco mais dentro, mais escuro. É certo que passaram a dar nomes a esse lugar, a medicalizar coisas parecidas com isso, a achar que esse lugar é perigoso, a deixar esse espaço imprudente em se estar. Foi ali onde deitei as inquietações, nesse quase útero. De lá vi o tempo, compassivo em sua velha sapiência, recostado com a vida, admirando a vitalidade jovem que permite o incessante caminhar, sem saber aonde se vai. A que grande perda eu seria acometida ao esquecer-me de ir para dentro. A vida gritava, em imperativo, que se fizesse silêncio.

 Sem mais tentativas extenuantes de remendos, minhas ruínas passariam a fazer parte do que sou. Poderiam me censurar, me envergonhar, me constranger. Poderiam me despedaçar ou formar um eu inteiro entre fragmentos de uma história torta. Eu havia fracassado novamente. Haveria de ser sempre assim? Eu pedia ao mundo para não me crescer, para o tempo não me envelhecer, para não trazer com a idade a responsabilidade de uma vida tão mais complicada. Quantos estragos. Fiquei num nó, no engasgo, suspensa em um soluço, esperando até que se dissipasse o confuso. Se para trás o que já não servia, para sempre frente o que não se via... Para descer no meio não daria. Da inércia, no ensaio do passo, tropeçava, novamente tropeçava. Deus parecia gostar mais dos conformados.

 Não tinha muito tempo para pensar ou para sofrer, para chorar ou sentir saudades, especialmente do que não foi. Era preciso transformar as feridas em cicatrizes, a pele mais forte. Eu estava desamparada, e eu era a mãe agora, e ninguém estava lá, junto a mim, para ajudar a coletar as memórias de crescimento do pequeno. Não me contaram sobre aquilo de ter que dar colo quando tudo o que eu precisava era de colo, sobre ter que respirar fundo e encontrar forças para estar presente em seu mundo suave, enquanto o mundo real me devorava em responsabilidades, exigências financeiras, afazeres domésticos, demandas intermináveis. Não disseram sobre como bancar a casa enquanto se atende às necessidades sutis que orbitam o mundo sensível da cria. De um lado a demanda por leveza e presença atenta, de outro, um oco vazio. Queria, por vezes, que o mundo parasse de girar para que eu pudesse descansar um pouco. Tudo que eu queria ali era um "deixa que eu faço". Ele ficava no banho até a água esfriar, no pouco de silêncio meu enquanto enrugavam as pontas de seus dedos. Eu preferia origamis ou bonecas, mas acabava como goleira, super-herói, ou guiando seus carrinhos no cuidado de não soluçar entre as onomatopeias. Eu o criava enquanto cozinhava o feijão, me recriava na fome de alimentar as tantas mulheres que pretendera ser. O criava enquanto construía sobre a minha cabeça, pedaço por pedaço desse tal teto todo meu. O livro de cabeceira, eu deixava sempre para a semana que vem, para o mês que vem, para o ano que vem. Meus suspiros disfarçados aconteceram por anos a fio, entre um e outro cigarro ou quando a madrugada insistia em não me permitir repousar. Diversas vezes eu pensava sobre quão diferente tudo poderia ter sido. O mais estranho era estar sozinha entre tantos, que a tudo assistiam a uma distância segura. Vestiram-me a capa de invisibilidade do instinto materno e sobre a retórica do amor incondicional achavam, de longe, que a tudo entendiam. As propagandas de margarina não são mesmo feitas para mães solos. Ainda assim, sobrou amor.

    Sentia-me vulnerável, insegura sobre minha capacidade de sustentar o que tanto desejei. Alguns dias eram especialmente difíceis, daqueles que o fardo pesa, a cabeça agita, o coração aperta. Por que mesmo estou fazendo tudo isso? Talvez esse fosse só mais um dia, talvez acometesse a todas, talvez eu só precisasse descansar um pouco.

No equilíbrio de uma constante desestabilização, o eixo transversal era esse, o que me restava: terra, vagina, útero, nó na garganta e coração. Na tentativa poética e extenuante de transformar o desconforto dos nódulos em germens de mundo, criadores de pulsão de vida, desatei a agarrar, com os dentes e unhas roídas, os impulsos necrosados por minha própria ausência.

Quais os limites de golpes que o corpo e a alma conseguiriam então suportar? Era necessário não só suportar como superar. Para além da necessidade de provar-me forte ou por desejo de exibir-me a cargo de meus pequenos poderes de autorregeneração, optei por exercitar a musculatura da resiliência mesmo em persistente nó de garganta. Era preciso seguir adiante, pendular entre revoltar-me e dominar-me quando tudo era avesso, torto, bronco, gasto, ralo.

É fácil manter-se fiel aos valores, visões e princípios quando se está assistindo a tudo ali do alto. Vivida mesmo é, porém, a vida que solta, que de margem se faz correnteza... Quando um resquício de ar respirável é tudo que sobra pra descer às profundezas e, do avesso, submergir, sem eira nem beira.

Para encarar com abraço a vida, quanto mais dentro, mais voo alto, quanto maior a queda, maior as possibilidades de me tecer as desejadas envergaduras de asas. De quantos fracassos se constroem vitórias plenas de humildade, afinal? No fim, acho que estar nesse mundo é sobre isso mesmo, habitar a carne que resiste sentir, mas se negando às anestesias da convencionalidade, degusta da própria humanidade. Dá saltos – às vezes mortais – sobre o ranço conservador das almas sedentárias.

À medida que o tempo mestre atuava sobre seus domínios, espaços de afirmação e imaginação criadora se abriam. Passei a viver entre os mundos de lá e cá, a enxergar no escuro as tantas nuances dos seus entremeios indistintos. A cegueira convida quantos sentidos e intuições restarem, dilatando as pupilas em busca de sentidos oblíquos que a razão dos homens desconhece. Em tatear, surge uma estranha forma de se mover pela vida. Ao dar-me por mim, estava eu prenunciando escolhas na suspeita de fabulações sugestionadas – sonhos, calafrios na nuca, arrepio dos pelos, sussurros inaudíveis, faro, o tilintar dos dentes na mandíbula rija – tudo era motivo de profecia, tudo era sinal.

Passei a encontrar libélulas em todos os lugares, não sei se por mau agouro ou providência, se por delírio ou crises de lucidez. Pousavam sobre meu dedo em repouso, dormiam na cabeceira da minha cama, passavam zunindo em suas multicores onde eu menos esperasse. Por descrição, falta de atenção ou cegueira crônica ao que há de pequeno e não funcional no mundo, as pessoas não as viam. Só eu a elas, e elas a mim. Descobri que enxergavam 360 graus e que precisavam de dezessete metamorfoses até que fossem capazes de voar. Contei nos dedos por quantas dessas eu já havia passado, e me dei conta de que eu haveria de ter paciência até portar as sólidas translúcidas asas. Certamente, minha vista atuava como mais do que dois buracos na cara de alguém que olha mas não enxerga, mas pareceu um tanto dissonante continuar fingindo não ver ou tentando desver. As libélulas passaram a povoar também as minhas noites. Era deitada sobre a cama dormida com os olhos vazios que aos sonhos eu relembrava. Na receptividade os sonhos todos se apresentavam, vivíssimos. Em minha passividade se sentiam à vontade, familiares ao espírito, mesmo que estranhos à própria consciência. Assim como o acesso ao território onírico dos sonhos, a intuição e os entendimentos sobre a vida profunda passaram a percorrer o mesmo caminho: em invadir-me, o esforço e a dúvida os afastariam.

Foi em dedicar ao exercício de tornar-me permeável ao que desejasse em mim se infiltrar que cheguei, sincronicamente, até Sérgio. Entre gargalhadas debochadas, o astrólogo de longas tranças disse-me que ser o que eu vim me tornar seria muito difícil, mas se caso eu alcançasse...

"Você é um moleque! Veio aqui pra tocar o rebu, hein? Não é fácil ser quem você veio se tornar, mas se você conseguir, será incrível!". Olhei para minha saia de pregas e meu sapato boneca e concluí que ele, definitivamente, não estava se deixando levar pela aparência. Eu estava disfarçada de meus ímpetos, apresentando-me em minha versão comedida.

Antes que eu pudesse falar qualquer coisa, ele prosseguiu: "Tudo irá desmoronar. Não tente construir nada agora. Vá viver o máximo de experiências que puder, vá aprender com a vida." Disse-me que tudo o que eu tentasse manter iria ruir, então eu não deveria perder meu tempo em tentativas frustradas de edificações. "Até os seus trinta anos de idade, você irá 'queimar os seus karmas' e, se o fizer bem feito, irá prosperar."

Eu expliquei a ele que tinha um filho de um ano e meio, que não tinha condições financeiras para viajar, que acabava de me separar do pai dele. Contei sobre o lugar de onde estava vindo, sobre minha antiga casa na floresta, sobre minhas possibilidades de estudo para um mestrado em Sociologia Política.

Ele emendou sobre a importância de afastar-me das convenções, das doutrinas, dos espaços higienizados e institucionalizados, para me esvaziar, para experimentar no corpo pulsante o meu estudo e fazer de tal substrato a minha formação. Disse-me para deixar o recolhimento também para depois. "Este é o momento de viajar, de conhecer diferentes pessoas, lugares, diferentes formas de vida, de conhecer a você mesma." E quando reafirmei os desafios perante a maternidade, ele foi incisivo: "Seu filho não precisa se fixar, seu corpo será para ele uma casa."

O coração ora apertava, ora desatinava em sair pela boca. Eu não podia negar que por mais absurdas aquelas palavras fossem, elas eram tão verdadeiras quanto necessárias. Disse-me algo sobre eu criar, a partir dessas experiências enquanto nômade, meu próprio modo de trabalhar, um método pessoal e único. Disse-me sobre criar algo novo, unindo tudo que vivi e experenciei, tudo que ainda havia de vir, caso eu abrisse o devido espaço: "Seu trabalho vai se apoiar em quatro pilares: educativo, antropológico, ecológico profundo e terapêutico, encontrando na voz e nos saberes de diversos povos tradicionais a verdadeira aprendizagem."

Naquele momento eu fingia, porém, não me afetava. Constituída no semblante de quem tenta passivamente sobreviver ao fim do dia para levantar ao acordar no outro, cumpria meu papel de sóbria com dignidade. Se meu maior medo era de que a maternidade me afastasse das possibilidade de ser no mundo, pelo contrário, ela as tornou ainda mais potentes. Não tendo muito tempo para refletir ou reconsiderar o que quer que fosse, comecei do começo: aceitei com resistência e cheia de medos o convite de alguns amigos para ministrar aulas de yoga, consegui uma sala onde eu poderia pagar um percentual pelas mensalidades – o que garantiria não ter que arcar com um aluguel caso não tivéssemos adesão –, mergulhei na prática e nos estudos para oferecer o melhor que eu pudesse àqueles que se dispunham a confiar em meu trabalho. Para meu alívio e surpresa, em poucos meses havia tantos alunos interessados que eu já não mais podia aceitar a todos.

Para seguir em aperfeiçoamento e encontrar uma renda extra, passei a promover cursos e *workshops* de formação com diferentes profissionais de diversas áreas do meu interesse, e foi numa dessas que recebi Silviu, um médico de formação do leste europeu que estava há dois anos viajando pela América Latina desenvolvendo uma pesquisa sobre neurociência com enfoque no estudo da kundalini. Ele carregava uma pequena legião de seguidores por onde ia, vivendo uma vida monástica, oferecendo seu trabalho em troca de abrigo e alimento. Nos conhecemos no sábado de uma manhã iluminada de outono para uma terapia coletiva. Todos os meus alunos estavam por lá, assim como minha mãe e um grupo de pessoas vindas de outros estados, no desejo de acompanharem as tais experimentações que ele conduziria.

Começamos a prática seguindo suas instruções, até que Silviu veio até mim e em pedido de permissão, tocou gentilmente os seus dedos indicadores sobre meu sacro. Eu mal podia sentir seu toque, de tão sutil, mas algo subiu como um choque por minha espinha vertebral fazendo meu corpo reagir. Ele se afastou, o toque permaneceu. Olhei ao redor, tentando compreender as sensações que ainda se manifestavam. Silviu estava de pé atrás de mim, firme em sua estrutura de aterramento, movendo seus braços como se manipulando fios invisíveis que se ligavam ao meu corpo. Mesmo estando distantes, eu podia sentir cada um de seus movimentos. "Parece que você está aqui ainda", disse a ele com uma voz engasgada. Ele respondeu que ainda estava. Me olhava fixamente, através da matéria física, dentro. Além de nauseada, eu me sentia despida. O tremor aumentou um tanto mais quando ele começou a entoar qualquer coisa parecida a um canto gregoriano, em uma língua que para mim era até então desconhecida. Romeno, eu saberia depois. Minha vista escureceu e senti uma pontada intensa na altura do ventre. Escapou-me um grito de dor e perdi a consciência por alguns instantes.

Quando voltei a mim, estava deitada no chão, com desconhecidos tocando meus pés e minhas mãos, em meditação e completo silêncio. Eu não tinha ideia de como havíamos chegado àquilo. Ao meu redor, algumas pessoas choravam, outros gargalhavam, um vomitava, a outra parecia estar tendo um orgasmo. Alguns corpos espasmódicos contorciam sem que eu pudesse julgar se de dor ou de prazer. Conhecendo meus alunos e vendo-os ali, completamente sem controle das próprias expressões, a cena se fazia ainda mais bizarra. Fui voltando ao corpo devagar, sentindo cansaço e relaxamento profundo. Ainda no chão, observava a Silviu, tentando entender do que ele era feito. Ele ia caminhando lentamente entre os corpos estirados, exercendo amorosamente diferentes atuações sobre cada um deles: aplicava toques sutis, fazia ajustes nas vértebras da coluna ou cervical, entoava o estranho canto, abraçava, sorria compassivo, ou só deixava mesmo o processo acontecer em observação atenta. Ao encontrar meus olhos, agachou-se em minha direção, disse que meu "chakra cardíaco estava explodindo por ter me reencontrado", e me mostrou uma libélula em repouso sobre sua mão.

Eu achava que junto ao rebento, à sua placenta expelida, ao umbigo caído, às tantas fraldas trocadas e o rasgo dos primeiros dentes na gengiva virgem, minha existência passaria a não ter mais o rescaldo das paixões. Já havia me afeiçoado à ideia de começo do fim, à monotonia da falta de opções em reinventar a vida, inverter o destino, voltar a sonhar. Foram despedaçadas, porém, as minhas esperanças de contentamento. O desejo bovarista que me persistia à espreita fora ressuscitado no supetão. Fingiu-se de morto para atacar-me na surpresa da rotina distraída.

Por mais estranho que possa parecer, existem argumentos que justificam o porquê de eu me casar com uma pessoa pouco menos de seis meses depois de conhecê-la. Não muito costumeiros, mas legítimos: sendo estrangeiro, ele precisava de documentação legal para seguir adiante em sua estadia no Brasil – essa foi a desculpa formal que ofereci às pessoas, poupando-me de mais perguntas e outros sugestionamentos; meu desejo em me tornar sua aprendiz e ter no relacionamento a oportunidade de estudar e trabalhar com o terapeuta mais incrível que eu já havia conhecido; o apoio incondicional que ele demostrava dispor a mim e ao meu filho; a impulsividade, típica de uma ariana com ascendente em sagitário na possibilidade de abandonar os rigores do sedentarismo para retornar às estradas. Não sei se já os convenci, mas eu estava absolutamente convencida de mim mesma. Para além de todas as justificativas que possa citar aqui, estamos falando, sobretudo, de coragem. A boa e velha coragem, aquela mesma de Guimarães, que a existência pede quando esquenta, esfria, aperta, afrouxa, sossega e desinquieta – o arrepio do salto em queda livre.

Uma história que parece um tanto romântica, mas nada enredada com as garras e amarras que eu havia então desenvolvido. De todo modo, optei por lançar-me novamente à deriva. Apesar das extenuantes tentativas de convencimento em viver uma vida segura e morna, meus ímpetos com êxito se propuseram novamente ao pulso e impulso. Eu compreendera o alto preço de viver a vida nos meus próprios termos, mas compreendera também o preço impagável de existir sem viver. Entre a temperança e o risco, escolhi a mim mesma. Se a vida queria me ensinar a ser pequena, eu a desafiava a ser tão imensa quanto possível. Certo é, já nasci de alma inquieta, em desatino crônico, remexendo em desassossego. Se não me atrevo, eu padeço. Farejante, enquanto portadora de uma pele sensível o suficiente para o beijo mais suave, dura o bastante para me proteger do desdém.

Eu já vislumbrava um tanto de minha capacidade de adaptação, astúcia e tomada de decisão. Novas cicatrizes, novos amuletos, algumas tantas armaduras, o desejo ainda latente e profundo de empreender venturosas jornadas. Estava aprendendo a me camuflar, a observar com atentividade em presença substanciada, o que me gerou o dom da previsibilidade. Na pior das hipóteses sabia eu, sem ao menos saber, que se do chão não passa, no voo alto a vertigem também não escapa. Este corpo mirrado – porém forte – falaria sobre as batalhas vividas e os aprendizados a carregar não sobre os ombros, mas no coração.

Para o casamento civil esquecemos o horário. Saí de casa na urgência do atraso, com uma perna cabeluda e outra depilada, depois de lavar as axilas na pia enquanto Silviu, nervoso e apressado, cuspia desajeitadamente a pasta de dentes sobre minhas mãos. Ríamos de nervoso. O juiz mandou aprumar-me antes da assinatura. Assim mesmo. Para a cerimônia, sob a regência dos quatro elementos e guiados por uma potente mulher-medicina – uma curandeira de cabelos brancos a bastar na cintura. Tivemos respiro profundo, afeto, presença, fogo sagrado, tambores, violino, champagne, comidinhas veganas, pé no chão e um tanto mais de prumo. Silviu se tornou meu marido, e meu grande professor.

Não tínhamos casa, nem para onde voltar, nem muitos planos. Tínhamos ele, Bento e eu, um ao outro. Vivemos os anos seguintes viajando, peregrinando, nômades, de mochila nas costas. A vida pendulava entre as tantas camadas que compõem a consciência humana, e estávamos dedicados a explorá-las. Oferecíamos nosso trabalho por onde quer que fôssemos em troca de doações espontâneas, comida e lugar para dormir. O que nos restava era reinvestido em cursos, vivências, formações... E mais viagens, mais encontros, mais magias, mais curas, mais descobertas. A vida em sua mais nobre expressão de entrega, o coração pulsante, os caminhos abertos às tantas experimentações possíveis.

corpo-poroso

Era uma sala ampla, com várias macas dispostas lado a lado. Dos três pacientes deitados, um parecia dormir em sono profundo, os outros têm os corpos se movendo como ondas, em maneios suaves e fluidos, semelhantes àqueles movimentos que eu havia testemunhado em meu primeiro encontro com Silviu. Mesmo na falta de contexto para uma possível socialização, me cumprimentaram e seguiram em seus latejos, o que me gerou ainda mais estranhamento. Howie se apresentou, um quiropraxista canadense radicado na América do Sul, amigo e professor de Silviu, e um dos fortes motivos para estarmos no Peru. Havíamos chegado após uma longa viagem de ônibus entre Rio Branco e Cusco, e ele nos receberia diariamente para sessões em seu consultório, apresentando técnicas de liberação de traumas a partir de manipulações do corpo. Me apontou uma maca vazia, me tocou sutilmente os indicadores na região do sacro, me desejou boa viagem. Eu ri, engasgada e aflita, e comecei a sentir aquelas ondas chegarem, já com repentina intensidade. Meu quadril se ergueu ao alto até que de joelhos sobre a maca, enquanto minha cabeça esmagava o travesseiro em direção ao chão. Sentia contrações involuntárias no períneo, que davam origem ao movimento de ondulação até o topo da cabeça. A respiração acompanhava os movimentos involuntários do corpo: inspirações profundas, expirações ora lentas, ora ritmadas, retenções com e sem ar. Era inevitável, a mim não cabia fazer mais nada além de observar, sentir, e permitir que o corpo protagonizasse tal perfeita orquestração. O movimento passou a se tornar mais caótico, minha cabeça pendulou à esquerda, meu quadril se projetou à direita, em desajeitada torção. Nesse vai e vem, meu ombro girou em solavanco, para frente e para fora, fazendo o braço revolver por trás das costas, me gerando tremendo desconforto. Esse ombro já vinha me dando trabalho há alguns anos, desatando umas inflamações crônicas que por vezes me impediam de trabalhar. Howie se aproxima e toca um pequeno ponto de minha paravertebral. Já nessa altura o que eu via dele eram borrões. Eu tinha os olhos mareados e a mente já não mais conseguia ordenar a sequência lógica dos acontecimentos. Tudo acontecia no corpo. Fui invadida em meu painel mental por uma cena frequente de minha infância, na qual meu irmão mais velho brincava de rotacionar meu braço para trás, naquela exata mesma posição, até que eu obedecesse determinado comando. Isso já não era mais, até ali, algo consciente. A sensação de angústia se tornou raiva. O fio do trauma corporal foi sendo puxado em memórias aleatórias, em retrospecção. A cada situação de submissão e opressão vivida, a inflamação do ombro direito havia ressurgido. Ele traciona minha cervical fazendo com que a raiva me tomasse até grunhir. As memórias contam histórias que gosto de ouvir, mas vez ou outra, tenho a sorte de escutar a voz áspera do que escolho esquecer. Quantas mãos, visíveis e invisíveis, haviam me segurado, estraçalhando minha autonomia em tantos pedaços? Muitas, era certo.

Tive meus punhos envolvidos pelas mãos de Howie, impondo autoridade e firmeza, o que fez brotar de minha garganta um grito gutural interrompido por ele com um suave sussurro de ao pé do ouvido: "Se entregue." Toda a força estancada no corpo contido se direcionou ao centro do meu peito, em um orgasmo, ou uma erupção. Chorei, me soltando sobre a maca em leveza, gratidão, amor. Quando pude novamente abrir os olhos, Silviu me mirava com seu sorriso generoso enquanto Bento brincava distraído com seus carrinhos na maca ao lado.

Terminada a sessão, decidi voltar à hospedaria caminhando, sozinha. Havia muito a ser integrado. Entre as ruelas de Cusco, me deparei com um amontoado de enormes pedras, que de início pareciam aleatórias, mas ao mínimo de atenção, se mostraram a mim numa cuidadosa composição. Em explorar curiosamente o espaço, cresciam estranhas sensações de familiaridade e reconhecimento, até que por entre as frestas, encontrei-me diante de uma enorme vulva, uma caverna escura e fria com um pequeno altar cerimonial onde figuras de pumas, cobras e condores haviam sido esculpidas. Na parte superior, uma rachadura definia a pequena entrada de luz que parecia milimetricamente posicionada sobre o altar. Posicionei-me ali, deitada a tocar ventre e coração, a sentir o toque do sol repousado sobre minha testa. Um calor úmido invadiu minhas coxas, como se me lambesse. Entre prazer e surpresa, estendi o corpo dando-me conta de que minhas roupas estavam repletas de sangue, um sangue tão vermelho quanto o rubor de minha face ao sair do templo em calças manchadas de menstruação até os pés.

Ao dormir naquela noite, uma velha visitou meus sonhos. Amarrada em cordões vermelhos, eu a assistia soltar a cada um dos nós que envolviam meu corpo. Ao fim, me apresentou as mãos repletas de pequenas flores brancas, disse-me ser eu mesma a minha própria curandeira. No mercado local, pela manhã seguinte, cumprindo meu rito detox com chás que mais pareciam viscosos líquidos estomacais, perguntei à *abuela* se ela teria algum chá de flores brancas. Disse-me que sim, *mirando mis ojos*, e afirmou que serviam à cura do feminino. Foi o início de uma investigação, a primeira, das inúmeras vezes em minha vida, que a menstruação se fez bússola e a intuição, em sangria desatada, se fez guia.

Em retorno ao Brasil, conheci Naoli. Uma mulher que ensina contando histórias, e mesmo tendo muito a dizer não deixa de ter os ouvidos disponíveis e atentos. Ela carrega a humildade como a um bebê, caminhando entre a cotidianidade e a magia que compõe a vida em suas tantas abstrações. Foi essa a mulher com quem escolhi aprender os segredos da parteria mexicana. Vivendo no Brasil, Naoli recebeu a mim e outra dezena de mulheres para duas semanas de estudos e vivências em sua casa em Florianópolis. Nesse meio tempo, consegui uma escola antroposófica que aceitasse meu filho pelo curto período de nossa estadia, para que eu pudesse estar disponível aos estudos. Ele sentia falta de estar entre crianças e eu achava sempre sensato que ele pudesse sair o quanto possível das salas de terapia, que haviam se tornado seu espaço de referência e convivência comum.

As histórias de Naoli sobre suas experiências de parto são sempre muito encantadoras, indo desde uma mulher comedida que ingere o sêmen do marido durante o labor, passando por uma prostituta de Cancún que por três dias de contrações intensas perdoa a cada uma das pessoas que a feriram, ou a mãe solo que, sem o fogo do desejo, só pariu depois de ter seu quadril balançado pelas mãos da parteira ao simular um ato sexual. Destituindo as premissas da virgem cálida, Naoli devolve às mães a sexualidade plena do gozo e do prazer, para fazer-se luz e trazer ao mundo seus rebentos.

Para além das técnicas aprendidas, algo me marcou especialmente nessa experiência. Para quem nunca pariu, ou não se importa com esses assuntos, pode parecer uma grande bobagem, mas, ser colocada deitada em uma maca depois de quatorze horas de um parto corajosamente ativo, para ter a barriga empurrada em uma manobra de Kristeller e o períneo cortado em uma episiotomia, aos dez centímetros de dilatação, em pleno expulsivo, por pressão médica em "finalizar logo o processo"... É uma grande afronta. "Você deveria agradecer pela ajuda", ficou subentendido. Imagine a Bento, que amedrontado com os sofrimentos que rondam o mundo, recuava. Mal teve tempo de perder, por si, a covardia diante do mundo que o esperava. Foi violento e invasivo, até aí eu já sabia.

A memória do trauma estava ali, alojada reticente no corpo, aguardando o momento correto para emergir. Deitada despretensiosa sobre chão durante uma das vivências com Naoli, meu corpo começou a performar o momento do meu expulsivo. De início tentei controlar os impulsos de sons e movimentos, mas estes se tornavam cada vez mais intensos e inevitáveis. Senti aquelas mesmas dores de contração, gemia, e depois fazia força de puxo. Imersa nas ondas intensas do parto, achava, ao mesmo tempo, que aquilo tudo era um grande absurdo.

As mulheres do grupo se posicionavam ao meu lado, e por mais improvável que fosse, com uma naturalidade que não me permitia captar qualquer traço de julgamento. Seguravam minhas mãos, tocavam minha testa, olhavam com lacrimejo os meus olhos, sorriam-me em amorosidade e incentivo. Dei um grito final e "pari", conhecendo do expulsivo que não tive a oportunidade de viver.

Nas turbulentas ondas do puerpério, anos antes, era comum eu ser acometida pelo sentimento de não ser capaz, de não me bastar, de não saber como, de me achar dependente de constante ajuda. Compreendendo os méritos da minha própria conquista, afirmava então que era eu quem havia trazido ao mundo meu filho. Meu corpo sabia sim o que fazer, e precisava sim fazer o que sabe. Meu corpo-fêmea me bastava e não estaria mais disposta a terceirizar meus poderes às mãos de quaisquer doutores.

Meses mais tarde, durante uma rápida visita a Minas Gerais, conheci Helô. Suas longas tranças brancas emolduram o rosto marcado pela idade e pela dureza de uma vida ferozmente vivida. Seus olhos sorriram e mostraram que apesar das duras penas, ela seguia certa de suas escolhas e caminhos. Mulher guerreira, sem a necessidade de provar-se suficiente. Me ensinou que ao encontrar uma mulher forte, o importante é oferecê-la um chá, uma cadeira, um repouso e um afeto, pois esta possivelmente viveu grandes batalhas até estar por aí irradiando luz, com faíscas nos olhos e fogo nas veias. Uma latina naturalizada canadense, que felizmente cruzou meu caminho em sua passagem pelo Brasil. A conheci brevemente e mesmo um pequeno instante de troca foi o suficiente para saber que eu queria seguir ao seu lado como aprendiz. Em tempos espaçados nos reencontramos, e assim percorremos os anos, por mais de uma década. Helô carrega consigo uma medicina por vezes áspera, dura e um tanto direta demais. Nem todos compreendem a amorosidade por trás das flechas certeiras de seus ensinamentos. Muito com ela aprendi sobre como conduzir-me enquanto terapeuta, evitando criar laços de projeções e dependência, tirando do colo e dando oportunidade de crescimento, incentivando a autonomia e a autorresponsabilidade, enquanto caminho para um substancial despertar. Naturalmente, muitos se frustram em suas perspectivas distorcidas sobre cuidado, em suas carências e expectativas por apreciação. Outros tantos se desdobram em força e potência diante do próprio caminho, sob as bênçãos de Helô.

Nossa primeira experiência juntas foi em um atendimento individual. Cheguei à sua sala e me surpreendi com os objetos postos em seu altar: casca de tartaruga, ossos, dentes, sementes, conchas. Aquilo fazia muito mais sentido para mim do que os cristais e imagens de santos que são geralmente referenciadas como sagrados. Helô vinha de uma longa caminhada de estudo a respeito dos povos originários da América do Norte e algumas etnias africanas, constituindo um caldeirão fervilhante de técnicas xamânicas de resgate de alma e ancestralidade. Me deitei na maca e ao invés de uma oração, Helô entoou, ao som de uma concha, um chamamento às sete direções sagradas: norte, sul, leste, oeste, céu, terra e o centro do coração. Já emocionada em escutar as poucas palavras de poder que me eram audíveis, começo a sentir meu corpo relaxando e minha mente entrando em um estado de consciência distinto. Ela me convida a escanear meu corpo buscando uma região onde minha atenção espontaneamente se voltasse. A boca do estômago. Ela esquenta por três vezes a mão livre nas velas e fricciona suavemente sobre meu plexo. Ao final da repetição do gesto volto à lembrança física do meu refluxo gastroesofágico, que na primeira infância me obrigava a dormir inclinada e amarrada sobre a cama: sensações de abandono, solidão, saudades do que era ausente. Ela pede que eu mergulhe um pouco mais na sensação e observe o que vem a seguir. Eu vejo meus pés. Vejo pés que são meus mas muito maiores do que habitualmente são. São pés de um homem, uma pele escura.

Pés descalços que tocam um chão de terra batida. Ela pede que eu observe mais ao meu redor. Vejo mulheres e homens elegantemente vestidos, o que contrasta com a miséria do restante do cenário. Ela pergunta como me sinto. Sinto raiva. Ela pergunta o porquê, eu respondo que ninguém enxerga o que eu vejo. O sentimento era de revolta e frustração. Parecia incabível que só eu estivesse questionando tudo aquilo. Me percebo imersa na mente e sentir daquele homem que então sou. Vejo situações diversas em que me torno agressivo, em que luto, em que tento fazer justiça com as próprias mãos. Minha insatisfação, retratada em cenas que se confundem e se misturam, parece sempre me afastar de meus semelhantes. Me sinto sozinho. Existe um único momento em que esse homem preto e forte se sente leve: quando ouve a batida dos tambores e dança. Ali ele consegue então sorrir. Ela pergunta como ele morreu. O vejo em seu leito. Me sinto sozinho. Existe, porém, alguém ao seu lado. Ela pergunta quem é, mas não sei responder. Ela pede que eu confirme se seria este um espírito. Respondo que sim, um espírito guardião ao lado do leito de morte desse homem cansado, até que ele se entregue. Ela diz para eu lembrar que nunca estive e nunca estarei sozinha. Helô pede que eu encontre esse homem depois de sua passagem e o pergunte sobre qualquer lição que ele tenha a me ensinar. O vejo com uma enxada na mão, cuidando de uma horta, um sorriso alegre no rosto, uma leveza outra, uma barba branca antes não percebida. Ele me olha compassivo e compreende minha aflição, me chama de "fia" e diz que eu preciso cuidar das plantas para aprender a ter mais paciência. Me mostra algumas ervas e aponta que seriam essas minha arma e escudo. Diz que eu não precisava fazer tanto barulho, nem me inquietar entre tanta raiva, que na luta eu só venceria através do amor, e que sim, havia muito trabalho a ser feito. Com suas bênçãos, saudosos, nos despedimos.

Em outro de nossos muitos encontros, Helô nos conduziu ao que chama de "ritual das perdas". A cerimônia consistia em consagrar três altares: o altar vermelho, dos ancestrais, com fotografias ou objetos que representassem aqueles da linhagem que já haviam feito a passagem; o altar azul, dos amigos e antepassados vivos que nos eram importantes; o terceiro altar, em que depositávamos sobre uma pequena tenda de galhos e tecido preto algumas pequenas trouxinhas, que continham no interior elementos que encontramos na natureza e que simbolizavam aspectos de nossa família que se apresentavam como padrões repetitivos e limitantes a serem transformados. Segundo Helô, que transmitia os saberes com os havia aprendido no oeste da África, em Burkina Faso. Nossos ancestrais deveriam ser invocados em força, presença e intenção, para que pudéssemos juntos trabalhar na mudança daqueles padrões. Segundo essa tradição, era importante que o sentimento estivesse presente nesses pedidos por finalização e encerramento, o que frequentemente se apresentava como revolta, frustração e lamento. Era o momento de reclamar o direito de não mais carregar heranças negativas e de exigir que a mudanças se estabelecesse. Por dois longos dias de trabalho cantamos, dançamos, firmamos a força dos tambores, rezamos. No início parecia difícil demais acessar qualquer outra coisa senão um sentimento de reverência e humildade diante da memória ancestral – hoje compreendo, com devido distanciamento. Não tinha muito a dizer e eu só conseguia pensar que eles haviam feito o melhor que puderam. Com o correr do trabalho, junto à guiança substanciada de Helô, verdades começaram a emergir, junto a gritos, xingamentos, palavrões e insultos, direcionados àqueles que teriam vindo antes. Eu os apontava por coisas que mal tinha consciência de que carregava em minha linhagem. Raivas profundas foram expelidas, expurgadas – para enfim serem transmutadas, para haver espaço a sentimentos genuínos de confiança e fidelidade. Isso é o que mais me inspira a respeito de Helô: sobre sermos honestos em relação às nossas sombras, passar o portal deixando para trás as máscaras de complacência, atravessar o que está obstruído, para só então acessar qualquer aproximação ao perdão, à compaixão, ao pleno acolhimento e ao verdadeiro pertencimento à linhagem. De tudo que foi dito e pouco recordado, tamanha intensidade da catarse que o corpo tomava, me lembro de repetir seguidas vezes sobre as "mulheres boazinhas", que eu estava farta das mulheres boazinhas. "Sempre sorrindo, obedientes, sempre disponíveis, sempre dispostas para a família. Hipócritas, hi-pó-cri-tas!", eu gritava e xingava, rosnava, cuspia, sem nem bem saber de onde havia tirado tudo isso. Sei que estava braba e que foi muito libertador poder sentir raiva. Raiva sem culpa. Só assim pude perdoar e me reconciliar, como oferenda às futuras gerações.

Outro importante encontro que me ocorreu foi com Komala. Mulher que caminha pelo mundo despertando curiosidade a respeito das tantas formas alternativas de se viver criativamente. Havia passado trinta anos de sua vida em *ashrams* entre Estados Unidos e Índia e os entremeios de um mundo que se faz pequeno diante de sua capacidade de voo. Na construção de uma vida fora dos padrões e rigores sociais, construiu sua formação como terapeuta tântrica, assim como a um personagem singular. Komala despertou em mim o desejo de devorá-la para compreender do que ela era constituída, só em ser por ela fecundada seria possível conhecê-la. Caminha com suavidade, numa estabilidade e verticalidade que raramente se via junto a tanta fluidez. Seus movimentos parecem ensaiados, tamanha destreza. Tudo nela recende autenticidade e confiança. Apesar da idade avançada, toda sua constituição se faz em uma sensualidade fresca e pulsante. De cabelos longos com mechas brancas, em composição às rugas que desenham a clareza de suas expressões, ela provoca nas jovens mulheres o derretimento dos seus colágenos, que diante daquela instigante figura, de nada serviam. Komala fala em uma voz pausada e rouca, o que exige atenção plena para capturar um ritmo particular a qual ela, em seu próprio universo, nos insere. Sempre posta em cenários bem constituídos, todos os espaços por ela habitados são esteticamente excêntricos, confortáveis e sustentáveis, refletindo suas escolhas por uma existência abundante, de prazer e regozijo, em profusão com a natureza e o belo.

Na primeira vez que a vejo, ela cozinha. Usa os ingredientes em misturas impensáveis e combina elementos que pareciam impossíveis de serem dispostos num mesmo prato. Segundo ela, era impossível acreditar em um terapeuta que não soubesse cozinhar, pois seria o alimento a mais poderosa das medicinas, a forma mais básica de cuidado de si e do outro que poderia existir. Mais tarde, aprofundando meus estudos na medicina Ayurvédica, compreendi o que ela estava dizendo. Em verdade, penso que toda cozinheira é também uma benzedeira. No jantar, Komala se sentou nua, completamente à vontade com os seios caídos e a pele rugosa à mesa. Ela sabe que é muito mais atraente do que as tantas forçosas belezas e perfeições por aí.

Minhas experiências com Komala foram esporádicas e intensas, por muitos anos, em diferentes lugares. Sempre que nos encontrávamos, uma nova revolução interna era instaurada. Em minha primeira vivência sob sua regência entrei em contato com a proposta de dançar os quatro elementos. Aconteceu entre amigos, em algo que parecia mais um rito social de celebração *hippie-new-age*, qualquer coisa assim. O foco era a livre expressão através do movimento e a compreensão dos quatro elementos como base na constituição física, emocional e mental de cada um. Num segundo momento, éramos apenas três de nós, e ali tive a oportunidade de realmente conhecer a ela e a riqueza de seu trabalho.

Eu ainda estava puérpera, enxergando no horizonte o fim da relação com o pai de meu filho, negando o que se apresentava e tentando fugir das evidências do término. Era difícil pensar em uma separação quando não se havia rotas possíveis de fuga: o que fazer, aonde ir. Komala nos convidou a dançar o elemento água, na proposta de experimentar a fluidez. Eu não podia me mover. Eu sabia que qualquer pequena ação intencional no sentido de soltar-me me deslocaria do meu espaço de controle, das amarras que eu mesma optava por me agarrar. Eu não me sentia segura para confiar, muito menos para me entregar. Komala começou a tocar gentilmente meu corpo que, instigado à dureza, frialdade e resistência, foi aos poucos cedendo aos comandos suaves de seus movimentos e condução. À medida que a dança se ampliava e se expandia, as lágrimas escorriam. Eu a ouvia dizer que isso também era água, e que era importante deixar ir. Compreendi que até a voz da tristeza, quando esse é o afeto dominante, pode abrir os caminhos e encher o corpo de esperança. Permiti, com as mãos dadas às dela, que o som triste e suave perfurasse o gesso que eu tinha sido obrigada a colocar em torno de meu sentir. Foi nessa mesma semana que joguei o prato no chão, por conta da tal mandioca frita. Quatro estações mais tarde nos reencontrávamos, eu chegava como participante de um dos seus retiros, onde ficaríamos imersos por uma semana, em experimentar a dança como terapêutica.

Era a terceira noite de trabalho, estávamos todos aguardando sua chegada sem entender bem o que se passaria adiante. Komala se aproxima, olha a cada um nos olhos em reconhecimento, e em gesto aponta a trilha fechada floresta adentro. Chegamos a uma clareira entre o chão de terra batida e o céu de estrelas, nos sentamos em círculo e recebemos atentos, senão temerosos, às suas instruções: cada um de nós deveria, a seu momento, dançar sozinho por uma hora inteira, sob a regência das músicas que ela havia nos escolhido.

Éramos um grupo relativamente grande, o que significava que iríamos adentrar a madrugada fria enquanto testemunhas do movimento alheio. A ordem aleatória de participação garantiria que permanecêssemos acordados e atentos, aflitos esperando o momento de ocupar o centro do círculo. Quando meu corpo já se encontrava afundado na desconfortável cadeira, no alto de meus cobertores, meu nome foi chamado. Ajeitei o enfeite de cabeça feito de folhas, galhos secos e flores, e tirei penosamente a manta de lã que protegia minhas costas no decote profundo da indumentária. Eu havia escolhido o traje durante a tarde, com sol, calor e candência. Agora, pareciam não mais regular com meu baixo humor e temperatura.

    Me posicionei e aguardei que a música começasse, pedindo secretamente por qualquer força que me pusesse de pé e me instigasse ao ímpeto da dança. Mesmo que em bocejo, sentia um tremor qualquer no centro dos ossos, um arrepio estranho na medula. Ouço tambores. Começo com movimentos leves, como tentando cartografar meu corpo em suas tensões e solturas, buscando os escapes por onde o movimento pudesse surgir. Não tardou para que a dança tomasse o meu corpo por completo. Uma música em sequência de outra música e eu já não mais podia nem bem as ouvir. Estava sendo dançada por algo ou alguém. Imersa e entregue, me dei então conta dos olhos que me olhavam. Olhos de admiração, surpresa e excitação. Ao vê-los me ver, me recolhi.

    Segui tentando encontrar a força que me abandonara, a pedindo de volta para brincar, mas tudo o que ouvia era um eco rouco no pé da orelha: "menos Morena, menos". O tempo passou a se arrastar mais devagar e tive a impressão de que a música também reduzira seu tino. No rastro lento das velhas memórias, emergiram em lembranças as tantas vezes que eu pensara ser mais segura manter-me pequena a arriscar-me ser vista, as tantas vezes que fui julgada e criticada por ser do meu próprio tamanho.

    Menos Morena, menos. Ser aceita, pertencida e amada, por vezes me disfarçava em versões comedidas. Menos, menos, menos. Era preciso dançar até que o suor o limpasse para fora. Menos Morena. Era preciso assumir-me espelho daquilo que o outro prefere não ver em si enquanto possibilidade.

    Meu eu e meu corpo pararam de suspeitar de mim, e fez-se a dança. De uma semente latente, soterrada, à superfície brotei, em direção à luz. Expandi-me e me desmaterializei. Sucumbi – parte do todo, o todo em partes, todo, sem partes. O cosmos presente na corporeidade, brilhante e convulsivo. Dos meus pés fiz vento e em redemoinho me pus a saltar e a girar. "Mais um pouco e você vai chegar", dizia-me a carne extasiada por mais e mais dança. Nunca mais eu poderia permanecer adormecida no conforto alheio, pensei.

Era verdade, eu havia me tornado uma pessoa que incomoda, que desperta desconfortos, que gera inquietudes. Seguir na vida, depois de tantas quedas, rodopios e saltos, depois de renascimentos, perdas e tantos recomeços, com o peito aberto, a gargalhada alta, o riso solto, a alegria abanando o rabo à vida pulsante. Isso incomoda. Soltar as tantas máscaras dos papéis sociais, encarar um monte da culpa, da vergonha e do medo, seguir plena de si, embebida dos próprios termos, criando as próprias narrativas. Sim, isso incomoda. Caminhar pela vida de pés firmes sobre o solo abundante da vida criativa, não negociando o inegociável... É claro que isso incomoda. Caminhar pela vida bem acompanhada, compreendendo os mecanismos de controle relacionais, farejando agressividade passiva, não aceitando jogos de poder, não temendo o conflito e recuando conscientemente diante de autoridades impostas e encontros abusivos. Isso incomoda, e muito. A indomesticação incomoda. A insubordinação e liberdade também. Incomoda ser aquele ruído de verdade que preferia não ter sido dita, mesmo quando em silêncio.

Ao terminar, ofegante em completo caos, um *deck* de tarot me foi oferecido por Komala. A mim, a carta da estrela: dourada, iluminada e brilhante; em sua margem, uma palavra: *yes!* Um grande e claro *sim*. Ela, que a tantas incomoda, me sorri, em consentimento, fazendo um limpamento em meus receios. Não mais me incomodaria incomodar.

Em uma de nossas viagens ao leste europeu, conheci Emil. Um xamã, que não se admite como tal. Por trás dos grandes mestres e revolucionários de nossos tempos, há quase sempre uma família abandonada, uma mulher que tenta sozinha cuidar de seus filhos ou quando não, histórico de abusos. Quanta hipocrisia e cômoda justificativa mora no heroísmo dos nossos homens de grandes feitos? Emil, no entanto, dança harmonicamente e com integridade, entre ser um "pai de família", e todo um outro universo de subjetividades, entre lá e cá. Com ele aprendi muito do que sei sobre o feminino sagrado.

Eu o chamava carinhosamente de *flying bear*, urso voador, fazendo referência aos seus quase dois metros de altura e uma massa corporal consistente que fazia sentir ser a própria *Pachamama*. Não nos entendíamos muito bem na linguagem convencional: seu inglês era arrastado e o meu romeno só servia para capturar algumas palavras do latim que me soassem familiar. Nos abraçamos em muitos níveis desde nosso primeiro encontro.

Desde que me entendo por gente, era constante o sentimento de não-pertencimento, o medo de ser rechaçada. Carregava comigo uma desconfiança crônica e a sensação de que as pessoas eram essencialmente maledicentes. Até aquele momento isso não estava consciente em mim, mas Emil o leu, sabe-se lá como, em minhas entrelinhas. Me fez sentar em uma cadeira de costas para um grupo de amigos, que por duas horas "falaram bem de mim pelas costas". Chorei por mais de dez horas seguidas naquele dia, e se me perguntassem o porquê de tantas lágrimas, eu não saberia responder. Compreendi ali o que meu professor de *vipassana* me dissera sobre Bento ser um "bebê dhamma". Ele, na pureza de sua equanimidade, passava por mim me vendo em pranto desaguar e me sorria, pedia um *hi-five* e seguia adiante nas brincadeiras como quem me motivasse a seguir adiante com a limpeza profunda. Nesse dia compreendi também que sim, choro muito, pois minhas lágrimas não são só minhas. Hoje permito que seja assim. Sirvo outros corações em lamento através do transbordar dos meus olhos.

Em um encontro de Natal com a família de Silviu, Emil me fez deitar sobre uma das colchas de retalho tecida à mão pela matriarca, e convidou ao meu sogro, sogra, cunhada e outros parentes, a me embalar como um bebê, para que eu pudesse me sentir parte, para que eu me sentisse segura e acolhida naquela nova família.

Em um feitio de tambor, me fez ficar por dois dias sentada meditando enquanto trabalhava em couros de cabra. Eu precisava arrancar pelo por pelo, e a instrução é que eu usasse desse momento para sacar de mim tudo aquilo não que fosse mais necessário. Depois de todo labor, me ofereceu uma enxada e pediu que eu cavasse um buraco na terra, oferecesse a ela um tabaco em demonstração de respeito, e entregasse ali os pelos, num gesto de intenção sobre tudo aquilo que eu intencionava transmutar, transformar, deixar para trás. Entrei naquele estado particular onde a vida passa a ter outro tempo e a mente uma outra lógica. Ao depositar os pelos na terra, senti escoar o viscoso sangradouro, abrindo comportas das represas de dentro. Tudo vazava, tudo que não me servia então entornava. Emil, que já havia me dito não trabalhar com mulheres menstruadas, em respeito e reconhecimento de tamanho poder, me sugeriu que junto dos pelos eu oferecesse à terra o meu sangue. Fiz um jejum de três dias, intercalando mate e rapé, cortei retalhos de roupas e me dei absorventes de tecidos. Assim compreendi, em níveis ainda mais profundos sobre a verdadeira força de *sembrar la luna*, de plantar na terra o sangue. Nunca mais ousei tocar plásticos em minha mucosa ou jogar menstruação no lixo. Desse mesmo sangue pintei naquela tarde o meu novo tambor.

Emil tocou profundamente meu coração. Me ensinou muito das artes do xamanismo mongoliano e das artes da vida, me ensinou a confeccionar tambores, a cantar com o útero, a coletar cogumelos comestíveis e mágicos pelas florestas do leste europeu, a viajar por diferentes dimensões em desdobramentos de mundos, a honrar e trabalhar junto às força da natureza. Passávamos horas, dias, cozinhando em fogo de chão, curando couro, trabalhando em peles de animais para confecção de instrumentos de cura. Entre uma coisa e outra, eu fumava com ele um de seus Marlboros vermelhos e sorríamos um para o outro, pois não havia muito a dizer.

Em um de nossos retornos ao Brasil, Silviu e eu nos embrenhamos pela floresta acreana, durante quatro semanas serpenteando seus rios, com paradas ocasionais por etnias indígenas diversas. A primeira das minhas muitas visitas ao coração do mundo. Enquanto nos aproximávamos da mais distante aldeia Huni Kuin do Rio Jordão, em Novo Segredo, fui surpreendida por uma crise aguda de infecção urinária, febre alta e mal-estar generalizado. Parti à vila mais próxima para atendimento médico, e depois de mais de uma década sem usar antibióticos, essa parecia ser a única solução para lidar com tamanho desconforto. Obtive melhoras significativas e decidi seguir viagem. Terminado o tratamento medicamentoso, porém, a infecção retornou, ainda mais forte. As dores na lombar eram extenuantes e apontavam uma possível disfunção renal. Eu sabia que minha saúde estava fragilizada e que tudo poderia piorar ainda mais sem o devido apoio médico. Já não havia mais o que fazer, já havíamos ultrapassado o ponto de retorno. Tudo o que tinham a me oferecer eram chás e ervas para depuração.

Aceitei o convite do pajé para uma cerimônia de Ayahuasca, que segundo ele, era o que de imediato poderíamos tentar enquanto medicina. Eu já havia mergulhado em experiências diversas com essa grande *curanderita* da floresta, sempre com a sensação de que pouco a conhecia e muito a temia. Sabia também que o caminho até a cura era muitas vezes árduo e exigiria força mental e espiritual para ultrapassar os desígnios da doença e dos padrões internos sutis e arraigados que a estavam gerando.

Já no início do trabalho, senti meu corpo se tornando denso, pesado, desconfortável. Passei a noite inteira como um pequeno bebê, ou um feto, um bicho acuado, encolhida na rede por não conseguir me erguer, ou ao menos me mover. Me contorcia, rangendo os dentes, tentando escapar de mim mesma. Surgiam em minha tela mental imagens umbrosas, turvas, de meu filho, dos homens que passaram por minha vida e por dentro de mim, de minha mãe, de minha menina, de minhas avós. Como quem carrega uma faca por entre as pernas, minha vagina emanava dor, ranço e ardor. O útero contraía espasmódico, toda a existência condensou a apertar-me.

 Meteu-se minha cabeça a ruminar, distraindo o espírito em indolência. Seria eu uma boa mãe? Eu estava cansada. Minha incapacidade de gerir financeiramente e emocionalmente minha própria vida. A vergonha e culpa por usar meus relacionamentos como muletas para conseguir me manter de pé e caminhar adiante. Uma boa mãe que deixa o filho para trás para tomar Ayahuasca com indígenas na floresta? Eu não estava conseguindo chegar a lugar algum. Por que, afinal, eu precisava estar sempre disponível? Por que, afinal, mães não têm a permissão de fazer algo por si mesmas? A culpa da luxúria em meu corpo. A quem eu estava enganando? Estava completamente perdida, perambulando sem saber o que fazer da própria vida. Que preço pagamos por boas relações? A vergonha pelo fracasso dos meus relacionamentos. Minha incapacidade de me manter em uma relação à longo termo. O que havia de errado em meu descansar? O medo da falta, o medo de não dar conta. Minha incapacidade de me tornar mais tolerante e paciente em minhas relações. Por que, afinal, as mulheres precisam estar sempre disponíveis, ou se sentem culpadas? O medo de terminar sozinha. Não é amor, é trabalho não pago. A vontade de desistir – dos sonhos, dos ideais, de mim mesma. Eu não havia estado nesses relacionamentos sozinha, e eu não havia errado sozinha. Como um filho pode estar bem se a mãe não está? O medo da solidão. A arrogância em fingir dar conta de tudo sozinha. Eu estava cansada de dar conta. Eu preciso de apoio. Me sinto sem apoio. Para ser uma boa mulher deveria aceitar abusos, violências e opressões? O medo de errar novamente. O medo de nunca ser capaz de acertar. A falta de gratidão pelos homens que tentaram me ajudar enquanto eu era incapaz de ser sozinha. O que haveria de errado em me beneficiar de relacionamentos com homens como uma muleta afetiva e financeira? Era justificável? Eu sou culpada? Vítima? Minhas ancestrais tinham seus históricos de abandono, quais seriam os meus? Eu rejeitava antes de ser rejeitada. A quem eu estava enganando? Eu só estava tentando me defender. Não sei agradecer e reconhecer os apoios. Queria ajudar e compartilhar, ou seria mesquinharia para arrecadar migalhas de apreciação e segurança? A culpa era minha? O que era então justificável? Eu não estava conseguindo chegar a lugar algum.

    A cabeça girava em um turbilhão de pensamentos e eu era levada – jogada, atirada, ejetada – a muitos espaços indesejáveis dentro de mim. Vi o pior daquilo que sou, ou pensava ser, enquanto uma mulher na moldura torta dos desajustes. Nauseada e fraca, sem condições de seguir resistindo, me vi no hospital, doente, pessoas queridas ao redor de meu leito, se despedindo de mim. Me descobri satisfeita em, antes da morte, me sentir amada, perdoada, acolhida. Deixar o mundo me limparia dos pecados. Satisfeita por meu corpo ser deglutido por larvas em um extensivo banquete, eu havia escolhido a doença. Eu não queria mais lutar entre tantos mundos controversos dentro e fora de mim. Eu estava cansada – mas era preciso renascer, para poder morrer em paz.

    Mãe Samaúma cobriu todos os horizontes e toda vida escureceu. O chão se abriu, o céu fechou, a lua minguou. Desavisada em tropeços, o canto da mata ecoou, fez meu corpo tremer, tremer até virar dança, dançou até vir a ser. Conta então, em tempos de gozo celeste, que a preterida luz, mesmo nos trópicos desenganados, retorna, na estranha ordem geométrica de tudo. Virei pássaro, cristal, macaco, jiboia e coral. Virei, desvirei, torci, resisti, desisti, me entreguei. Num suspiro cansado, o sol veio enfim, me contando num raio de luz que tudo aquilo foi Deus.

    Me levaram pelos braços, marcaram minha pele em urucum e jenipapo. Me banharam em rio gelado, me batizaram em plantas perfumosas, pingaram gotas de clareza em meus olhos, sopraram pó de consciência em minha mente, me armaram uma rede e me fizeram sorrir. Dona Rainha lá do alto, que a tudo assistia, sussurrou em meu coração que para crescer eu tinha que me assumir assim mesmo, bem pequenininha.

Ante a colonização da vida e a domesticação de meu corpo, em tantas amarras de medos, vergonhas e culpas, meu sangue então desceu, fétido, coagulado, escuro, por entre o meio das pernas até os pés descalços e o chão de barro. Hoje sei que aquelas vozes que aos poucos, silenciosas como ruído branco, me matavam, não eram só minhas.

De volta à cidade algumas semanas mais tarde, exames apontaram que não havia nem sinal de doença, infecção, cisto, ou o que quer que fosse que acometesse ao meu corpo e à minha saúde. Eram só flores perfumosas a limpar as enseadas de um ventre e coração feridos.

Em uma segunda jornada ao Peru, conheci alguns encontros de mulheres andinas que aconteciam anualmente a cada equinócio de primavera, o que me rendeu visitas anuais a essa terra sagrada. Entre tantas oportunidades para beber na fonte dos saberes tradicionais, uma experiência em especial me atravessou.

Éramos muitas, tantas que mal cabíamos na pequena tenda. Uma tenda redonda, feita de bambus, com cobertores que a cobriam como uma pequena oca. Em seu centro, um umbigo, um buraco no chão onde depositavam pedras incandescentes depois de horas e horas reavivadas em fogo intenso. Ao contato com a água de ervas, exalavam calor, muito calor, calor que não encontrava por onde escapar, senão poros adentro naquelas peles ardidas. Éramos muitas e infinitas, amontoadas no magma incandescente do centro da terra. Contorciono meu corpo miúdo por entre os poucos espaços restantes, até encontrar o chão. Sei que o barro guarda também urina, muco, sangue menstrual, toxinas de suor em alma purificada, lágrimas derretidas entre os cantos de cura. Mesmo assim, me aninho junto à terra, me lambuzo da lama fresca, ela me deita. Todas encolhidas, reviradas em nossos corpos assujeitados, sem muito para respirar. Em completo breu, na perspicácia de encontrar claridade dentro, quando a luz de fora se disfarça, se desfaz. Para nós mulheres tem sido assim desde o início dos tempos. Nada de novo sob o sol. Já não sabia mais onde começava eu e terminava as outras. Talvez seja isso o que nos manteve vivas até então.

Abriram a porta de cobertores, pela segunda vez deixaram que nos relembrássemos que ainda havia vida lá fora, que ainda havia ar fresco e luz, e o fogo que insistia em arder as pedras depois de tantas horas de labor. Havia ainda o céu e tantas estrelas que eu já nem mais me lembrava que de desconforto se faz um corpo. Voava longe pela pequena fresta de cobertor aberto. Trouxeram mais pedras, vermelhas e brilhantes, entre cantos de boas-vindas àquelas que guardam as memórias antigas, mais antigas do que o próprio tempo poderia se lembrar. Anunciaram que esta seria a porta do poder, onde tomaríamos do fogo aquilo que de mais profundo desejássemos. Era preciso falar em voz alta. Era preciso, segundo a mulher medicina Quéchua, assumir a torcida interna por si mesma.

Pensei que era a liberdade que eu queria, mas não, queria mesmo era ser convencida e subjugada e conduzida, mas teria que ser por alguma coisa mais poderosa que o grande poder que me batia no peito. A isso eu dei o nome de propósito. Tomei do fogo meu direito divino de conhecer o meu propósito.

Terminado o *temazcal*, uma ideia passou-me pela cabeça. Inclinei-me para ouvir melhor o que eu sentia e o inesperado tomou, de súbito, minha consciência. Mal pude vestir-me. Empunhei às pressas uma caneta e um papel, escrevendo compulsivamente, imersa em epifanias. Mal me movia com medo de perder a própria atenção. Algumas horas depois eu havia rascunhado as primeiras páginas a respeito do que se tornaria então o meu projeto de vida. Comuniquei-me a cada uma de minhas professoras, a cada uma das pessoas que haviam me inspirado e me ensinado, a cada uma das mulheres que, sendo quem são, me permitiram ser quem então estou a tornar-me. Agradeci e pedi por suas bênçãos. Eu escolhi estar pronta.

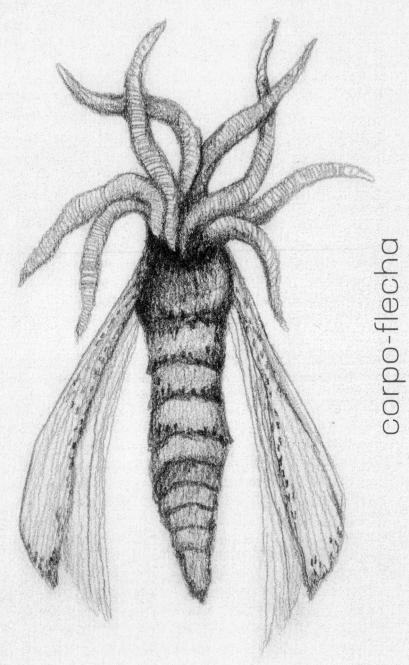

corpo-flecha

Adrian, homem-medicina mexicano e amigo de longa data, abre seu tecido peruano com grafismos indígenas, acende um palo santo, uma vela, empunha sua maraca e começa a rezar. Pede permissão aos nossos guias, ao eu superior de cada um. Pede permissão aos espíritos da Terra, chama a presença das sete direções sagradas e seus animais de poder e pede por um momento de reflexão a respeito de nossa verdadeira intenção para aquela cerimônia. Adrian começa a tirar uma dezena de raízes, plantas e sementes de sua pequena bolsa colorida, medicinas coletadas por suas andanças em diferentes tradições mundo afora. O kambô estava em uma paleta de madeira, imperceptível. Ele comenta que ainda sim estava fresco, recém-chegado com ele da floresta acreana. Acende a ponta de um pequeno graveto e começa delicadamente a fazer pequenos pontos de queimadura sobre minha pele para então aplicar o veneno de sapo.

Ao simples toque da substância em minha mucosa, sinto imediatamente meu coração acelerar, minha garganta incha e a cabeça lateja até quase explodir. Sinto calor e medo. Apesar de ter vivido esta experiência por tantas vezes, algo diferente acontecia ali. A tendência era eu expelir todo o líquido ingerido antes da aplicação, mas eu não conseguia vomitar. O desconforto só aumentava e eu me revirava, sentindo a garganta cada vez mais inchada. O ar mal podia entrar, eu já mal respirava. O expurgo não me alcançava, eu não conseguia me limpar, expelir, me purificar. Adrian se aproxima com o graveto novamente em brasa, na intenção de aumentar a dose do veneno com mais uma aplicação. Eu resisto, penso que não posso aguentar mais. Ele me olha nos olhos, eu enxergo no reflexo de seu olhar uma profunda empatia. Meu sofrimento não era pela medicina, mas por algo que eu insistia em manter entalado goela abaixo. A falta de ar aumenta e ele diz baixinho como quem conta um segredo: "É seguro sentir." Minha cabeça se projeta violentamente para frente como reflexo de um murro na boca do estômago. Enfim faço a limpeza.

Me levanto cambaleante e caminho até o quarto, buscando meu computador. Antes mesmo que o processo tivesse terminado, eu havia cancelado minhas passagens e as de Bento para a Romênia. Assim como a estadia em Paris para a comemoração do meu aniversário de trinta anos.

Depois de tantas caminhadas anos e mundo afora, estávamos Silviu e eu com nossa viagem de mudança marcada para residência fixa na Romênia, onde ele voltaria aos seus estudos como neurocirurgião. Naquela cerimônia, porém, dias antes de embarcarmos, intuí que eu não deveria pegar aquele avião. Silviu se surpreendeu quando descobriu o motivo de minha ausência durante a cerimônia. Perguntou-me minhas razões. Não soube explicar, eu só sentia. Comentou que tomar decisões sem antes integrar o processo da medicina era impulsivo, depois, disse que eu não deveria mais contar com seu apoio, nem emocional e nem financeiro, para o que quer que fosse. Ele tinha razão, o impulso de não esperar a medicina decantar talvez fosse um erro, mas me parecia a única forma cabível de tomar uma decisão que o corpo e o coração pediam, mas a mente escapava. Sobre sua decisão em não mais me apoiar, eu precisava sair do vitimismo e ser honesta sobre o fato de que, em verdade, era isso mesmo que eu precisava. Diferente, claro, do que eu queria.

Mandei o filho de férias com o pai, vendi a bicicleta e comprei uma passagem para a Califórnia com o que havia me restado. Da decisão tomada até embarcar, não se passaram muitos dias, mas tempo suficiente para querer por muitas vezes desistir. Me acomodei na poltrona do avião, coloquei meus fones de ouvido, busquei uma música que me acalmasse, que me ajudasse a soltar as amarras de dentro. Mergulhei em meu sentir. Encontrando meu lugar em presença sinto o avião decolar, a respiração se torna uma sequência de suspiros profundos e o coração aperta e expande, sem saber bem o que sentia. As lágrimas escorrem junto ao sorriso que não se disfarçava. Não era a primeira vez nem a última. Há algo de poderoso em rir e chorar ao mesmo tempo.

Meu destino na Califórnia era um encontro anual de mulheres, um encontro de saberes ancestrais do feminino. Por vezes, eu havia sido convidada a dar oficinas nesse festival, o que representaria uma oportunidade de expansão dos meus trabalhos além-mar. Eu arrumava sempre boas desculpas para negar o convite, pois tinha medo de ir. Medos vários, mas dessa vez eu escolhia arriscar.

Chego ao aeroporto de Los Angeles, um tanto cansada do intenso trabalho interno nas longas horas de viagem, e começo a seguir em direção ao ponto de encontro para Redwoods – a centenária Floresta de Sequoias. À espera do transporte oferecido pelo festival, outras mulheres começam a se aproximar. Eu as reconheço, suas cores destoam do opaco na paleta do mundo cinza. Somos parecidas, mas distintas de tudo o que nos rodea. Faria sentido pensar que eu estava no lugar certo e com as pessoas certas, mas a sensação de desajuste me tomava conta. A sensação de inadequação se tornava maior do que eu.

Chegamos à floresta, que ao invés de me acolher como as boas e velhas florestas fazem, se mostrava em uma ostentada opulência com suas sequoias gigantes, como megeras ranzinzas que olhavam do alto minhas fraquezas e um tanto do meu ego ferido. Todas as mulheres pareciam estar confortáveis com o grupo e consigo mesmas. Eu tentava me aproximar, mas não conseguia me engajar em conversa alguma sem parecer estar forçando uma amizade. Entendi que meus dias seriam a respeito de olhar para o chão, ou para o quão insignificante eu me sentia. Decidi focar na estruturação da prática que eu conduziria dali alguns dias. Quem sabe, se eu me esforçasse direitinho...

Dei-me conta de haver esquecido o carregador do meu *notebook* no Brasil. O computador havia sido um presente daqueles que a gente dá quando não quer mais. Por ter perdido a serventia, me foi ofertado em troca por algumas sessões de terapia. Estavam lá, no bom e velho, todas as músicas que eu usava durante as práticas. Músicas que eu havia coletado no correr dos anos a partir de pesquisas e escutas cuidadosas sobre ritmos e progressões. E para piorar, o danado só funcionava quando ligado à bateria.

A quem eu perguntasse sobre a possibilidade de um carregador compatível, a resposta era sempre outra pergunta: *"Don't you have a Mac?"*. Não, um *méqui* passava bem longe dos meus poucos dólares e possibilidades de domínios. Eu era uma das pouquíssimas mulheres latinas que havia sido convidada como professora, e demorou para que eu entendesse que isso tinha a ver com o desajuste que sentia. Não à toa, em minha última condução no *Spirit Weavers* anos mais tarde, sugeri a oficina *Latin American Women's Circle: Healing wounds towards Sacred Activism*, ou "Círculo para mulheres latinas: curando feridas para o ativismo sagrado". Politizar-me foi importante para compreender que o problema não era só eu, mas ali, mesmo diante da alienação das gringas, eu tomava, com amargor e teimosia, o problema como meu.

O festival foi aberto com um rito do fogo sagrado, onde participaram umas centenas de mulheres. Após a cerimônia de abertura, todas as instrutoras, eu inclusive, deveriam se apresentar, projetando a voz em alto e bom som, explicando sobre seu próprio trabalho. Não havia microfone, ou seja, por mais engasgada que eu me sentisse em minhas inseguranças, eu precisaria gritar, falar com clareza, em uma língua estrangeira. Não havia ordem de apresentação, eu deveria tomar a atitude de revogar meu tempo de fala entre uma apresentação e outra, entre uma supermulher e outra. Pior, fazendo isso, eu estaria convidando as pessoas ao meu trabalho, quer dizer, tentando convencê-las a participarem do meu *workshop*.

Como várias aulas aconteciam ao mesmo tempo, isso definiria se eu teria centenas ou nenhuma aluna. Será que isso afligia só a mim? Acredito que sim, todas pareciam seguras demais. Terminada minha apresentação, ergui o velho computador de bateria viciada para perguntar se alguém teria um carregador para emprestar. Não consegui nada além de agendar minha prática para o último dia de festival e um computador qualquer emprestado, que me permitiria o desafio de conduzir o trabalho com músicas que eu jamais havia escutado.

Passados os dias, como em dolorosas contrações de um longo trabalho de parto, direcionei-me, rija e determinada, ao local de condução de minha prática. Algumas mulheres começaram a chegar, enquanto eu, desajeitada, tentava me resolver com a caixa de som, o *bluetooth* e o tal do Mac. Que saudadezinha de meu Windows capenga! Algumas chegaram e ficaram, outras desistiram de fazer a aula depois de trocarem uma dúzia de palavras comigo. Tentei me manter calada, para não afastar mais ninguém com os engasgos de quem claramente não sente confiança no que está fazendo. Fecho os olhos disfarçando um semblante concentrado, e revivo a "cerimônia de corte", ritual ao qual eu havia participado no dia anterior.

Guiadas por uma xamã Lakota, Sweet Medicine Nation, o grupo deveria, a partir de suas histórias pessoais, buscar intuitivamente por um padrão repetitivo e limitante, que estivesse presente na linhagem ancestral e que seguia sendo reproduzido até então. A primeira coisa que me veio à mente foi sobre livrar-me do sentimento permanente de escassez. Era necessário, segundo Sweet, escolher uma palavra-chave, um "rezo-flecha", como ela dizia, para que o pedido fosse certeiro e direto. Eu não tinha convicção de ser essa a palavra correta, mas para mim ela significava um monte de coisas: autoboicote, síndrome da impostora, medo do brilho, medo do fracasso, sentimento de inferioridade, excesso de esforço e cansaço, a falta de confiança em minha competência, a falta de dinheiro, desconexão com a singularidade de minhas produções e propósito, a sensação de dependência e incapacidade, o sentimento de falta, o medo de perder, a desqualificação de meus próprios dons, o medo das críticas, e por aí vai. Por gerações e gerações, desaguando sobre mim, afogando-me.

Sweet amarra uma linha vermelha ao redor do meu quadril, junto a uma árvore. Sinaliza que aquela linha representa meu segundo cordão umbilical e me oferece uma faca, concedendo a permissão para que o padrão fosse enfim transformado, para que o corte fosse feito. Em ímpeto e decisão, corto a linha ao meio, sopro em direção ao céu e esmoreço. Minha pressão baixa até não sentir mais meu corpo e ter minha vista completamente escura. Me curvo dormente em direção ao chão e sinto a terra absorver, junto ao peso do meu corpo, um tanto daquele fardo.

Abro os olhos, abro meu altar, e me deparo com meia dúzia de mulheres que me aguardam. Uma meia dúzia, das centenas de mulheres, estava ali. Comemoro naquele apreensivo "melhor do que nada". Timidamente dou-lhes as boas-vindas e começo a explicar sobre a proposta do trabalho. Algumas compreendem – ou fingem que compreendem –, outras não entendem nada do que digo. Uma delas toma frente e começa a explicar o que eu estava tentando dizer, como uma intérprete, o que me expõe um tanto em meus desajeitos. Ela me interrompe, não respeita meu momento de fala, nem meu próprio tempo. Na tentativa de me ajudar, me desrespeita, me atropela. Só hoje eu compreendo, só hoje eu revogaria de volta o direito à palavra, seja ela como fosse.

Coloco a música, já certa de que ter perdido minha *playlist* havia sido uma ótima oportunidade para atualizar-me, desprendendo do conhecido e arriscando algo novo, mais inusitado. O que eu não esperava, porém, era sermos atingidas por uma chuva torrencial e gélida, logo ao início da prática. Por um instante pensei ser a perfeita justificativa para cancelar e fugir, mas logo me dei conta de que seria pesado demais lidar com a frustração da desistência. Afinal, eu já havia chegado até ali. Entre recuar acuada ou avançar, aumentei o som, invoquei as práticas do elemento fogo, e gritei mais alto que as pedantes vozinhas internas à espreita do meu fracasso. Movimentos começaram a expandir, gestos tomaram a devida intenção. Vejo-as extasiadas, em caos e beleza, em imperfeição e potência, em confusão e força, sendo quem são. Violentas, movem audaciosas toda a sorte de magias. A chuva vem com intensidade, e para escapar do frio, dançamos com ainda mais força. Mais mulheres se unem, simplesmente adentram o círculo largando pelo chão as roupas, as máscaras, os sapatos, as águas estancadas, a timidez, o controle, os julgamentos e recatos. Já éramos mais de cinquenta. Eu as vi, nelas me vi. Do centro da clareira, entre corpos em dança, gritos, uivos e arroubos, surge um arco-íris. Ao voltarmos, depois de duas horas de jornada corpo adentro, percebemos uma multidão de mulheres que nos testemunha surpresas e admiradas. O trabalho havia sido feito e eu relembrava o porquê de estar ali.

De todas que se aproximavam para conversar, uma em especial me chamou a atenção. Estava sentada após a dança aguardando pacientemente até que todas se dissipassem. Me observava de uma forma tão atenta que chegava a me constranger. Quando já não havia mais ninguém em demanda me aproximei, dando a entender que estava então disponível. Ela balançou a cabeça em negação e disse de forma quase autoritária que eu deveria terminar de organizar minhas coisas. Juntados meus badulaques ela se ergueu, olhou nos meus olhos me penetrando e disse, em claro e bom tom: "Eu tenho raiva de você."

Tentei disfarçar a surpresa. Aquela fala não me deixava desconfortável, pelo contrário, eu gostava daquela aproximação honesta e direta. Estava curiosa e atiçada para entender quais eram as suas intenções. Ela compreendeu minha abertura e prosseguiu: "Eu li sobre você no site do festival e escolhi participar da sua aula antes mesmo de chegar aqui. Porém, quando vi sua apresentação no primeiro dia, fiquei muito frustrada.

Você mal consegue abrir a boca para falar seu próprio nome... E olha só o que você acabou de fazer?" Eu não sabia se respondia àquilo como um elogio ou um escárnio. Com Katina, mesmo depois dos anos, foi sempre dúbio assim.

Me perguntou para onde eu iria depois dali. Respondi que ainda não tinha tanta certeza, que "estava decidindo". Soou como se eu tivesse muitas opções mas era o contrário. Eu tinha menos de cem dólares restantes e faltava dez dias para meu retorno ao Brasil. Não tinha para onde ir ou nenhuma ideia do que fazer. Ela me entregou seu cartão e me sorriu: "Caso queira ficar em minha casa, me encontre amanhã em frente ao salão principal, depois do encerramento, com todas as suas coisas já organizadas." E se despediu.

O único plano que eu tinha até então era de permanecer na floresta. Mas eu não tinha roupas de frio suficientes, minhas meias eram finas demais e meu saco de dormir era de péssima qualidade. Meus pés só paravam de doer de frio quando, depois de um pouco congelados, eu parava de os sentir. Além disso, após o festival, não haveria *transfer* disponível para o aeroporto, nem comida, internet ou sinal de celular, o que certamente contribuiria para um plano falido. A estratégia, que já começava pelo plano Z, era procurar roupas de frio na caixa de doação, fazer fogo todas as noites para não sofrer hipotermia, aproveitar a falta de comida para um jejum espiritual na Floresta de Sequoias. Eu tentava, como de costume, me convencer que não seria tão ruim assim. *Empowerer of Empowerers* – empoderadora de empoderadores, indicava seu cartão em letras ornamentadas.

No dia seguinte, deitada sobre os linhos italianos e algodão egípcio da *super king*, eu tentava entender como havia parado ali, num confortável quarto de hóspedes em plena Redwoods. A ideia de Katina era que eu passasse os próximos dez dias fazendo exercícios e práticas sugeridas por ela, para que eu conseguisse chegar a uma visão de futuro, uma estratégia e um plano de ação para fortalecer meu trabalho, minha carreira, meu propósito, minha capacidade de manifestação, expressão, realização e expansão. Era impossível não fazer correlações com tudo o que havia acontecido no ritual de corte com Sweet Medicine alguns dias antes. No mínimo, uma interessante sincronia.

Katina começou com uma pergunta reticente, ainda na estrada em direção à sua casa: "Como você quer estar vivendo daqui a cinco anos?" Acho que o travesseiro de plumas de ganso, escolhido depois de um extenso cardápio de opções, não me ajudava a pensar direito. O processo de mentoria me pedia objetividade, mas a circunferência de minhas inquietações ia só se alargando.

Após o nutritivo café da manhã, por ela me ofertado na manhã seguinte, cheguei à nossa sessão de mãos vazias. Katina aguardava uma extensa produção textual com todas as imagens, sensações e sentimentos de um futuro brilhante à minha frente, mas só recebeu um desmotivado "não sei como fazer isso". E não sabia mesmo. Nossa convivência confirmou a minha dificuldade em fazer planos, sonhar, querer para mim, ter ambições e assumi-las. Eu me justificava com bons argumentos: o trabalhar por amor e não por dinheiro, a devoção a uma vida simples, o narcisismo das buscas por reconhecimento, a competição desenfreada, a falta de tempo que o excesso de trabalho poderia implantar-me, a insustentabilidade e injustiça do sistema capitalista, a violência neuronal e aceleracionismo típico de nossos tempos, a falácia da meritocracia, e assim adiante. Ela me ouvia atenta e fazia anotações silenciosas, não demonstrando nenhum tipo de reação. Achei que a estava impressionando com minha capacidade de discernimento, com minha fidelidade aos princípios e valores por trás de meu trabalho, à minha integridade.

Ao final, ela aguardou alguns instantes, assegurou-se que eu havia terminado de falar, e perguntou: "Onde você mora e como você paga por sua moradia?" Respondi que não tinha casa, que era nômade. Sim, era uma escolha, mas claramente eu sentia falta de ter um lugar para voltar, de ter um abrigo para mim e para meu filho. Sentia falta de me sentir recolhida, segura e à vontade em meu próprio espaço. Perguntou se eu tinha algum valor guardado, caso tivéssemos qualquer necessidade emergencial, e eu respondi que naquele momento eu tinha uns dólares na carteira, mas alguns atendimentos previstos para quando chegasse ao Brasil. "*It's all good*", emendei. Perguntou como minhas oficinas funcionavam e eu as narrei. Era uma lista interminável que ia da limpeza do espaço à organização das inscrições, passando pelo chá, pela divulgação, transporte, desembocando na afirmativa de que cuidava disso sozinha e de que não, eu não cobrava por isso e trabalhava sempre através de doações espontâneas. Perguntou se eu vinha de uma família abastada e contei que havia começado a trabalhar aos quinze, saí de casa aos dezessete e me emancipei financeiramente aos vinte. Comentei que minha família não tinha muitos recursos, nem casa própria, mas que eu me reconhecia privilegiada e havia recebido a melhor formação escolar que eles poderiam me dar.

Katina, com cuidado mas sem delongas, disse entender o que eu estava tentando fazer, mas que minha máscara de boazinha não a cativava. Disse que não me apreciaria mais só porque eu não tinha dinheiro ou porque eu colocava o meu bem-estar e consequentemente o do meu filho, em último lugar. Sugeriu que nos encontrássemos novamente no dia seguinte, dessa vez com minha visão de futuro em mãos. Era minha tarefa, então, engolir suas palavras a seco e escrever sobre o que eu queria dali cinco anos.

Voltei para os lençóis e travesseiros de tantos fios quanto estes de meus pensamentos. Por que me era tão difícil? Percebi que eu estava um tanto identificada com o personagem que havia criado e performado até então, e orgulhava-me disso. Ensaiei algumas imagens e consegui vislumbrar qualquer coisa que me trouxesse alegria, ânimo e excitação. Comecei a pensar que seria mesmo bom poder ser independente financeiramente, poder trabalhar tendo quem me apoiasse nos cuidados com meu filho, ou na produção dos encontros. Que seria bom, quem sabe, ter uma terrinha para plantar minhas sementes e ver meu pequeno filhote crescer junto às árvores. Me aninhei na cama mole e mirei a janela teto-chão, que daquele ângulo fazia a floresta parecer um tanto menos ranzinza do que antes. Talvez fosse eu quem me sentisse mais confortável diante de sua grandeza.

No outro dia, Katina, um pouco mais satisfeita com o que eu havia apresentado, me pediu para incrementar os detalhes de minha visão, descrevendo o momento do meu despertar pela manhã até a hora do repouso ao fim do dia, cada detalhe. Me ajudou a ir um pouco mais além cutucando minha falsa humildade e modéstia, até chegarmos em uma visão ideal. Me fez calcular o quanto custaria tudo isso. Como eu não tinha a menor noção do preço de um terreno, de um carro ou de uma casa, simulou comigo compras pela internet. Me fez questionar sobre quanto do meu tempo eu gostaria de me dedicar ao trabalho, considerando que momentos saudáveis de descanso entre uma e outra oficina eram essenciais para configurar uma rotina leve, de presença para mim e para Bento. À medida que ela calculava, os zeros aumentavam, e eu já desistia. Cada vez que esses pensamentos me atravessavam, ela me convidava a novamente visualizar as possibilidades, como se elas estivessem ocorrendo ali naquele instante presente. Um tanto alienada eu me sentia, mas eu não tinha mesmo nada a perder, e não me custaria nada tentar.

Algo naquela visão começou a me intrigar. Eu era capaz de enxergar toda a minha rotina, até os alimentos colhidos na horta e o suco verde pela manhã, o conteúdo dos *e-mails* que eu recebia ou o olhar calmo e sereno do meu filho crescendo com saúde, segurança e pés no chão. Eu não era, porém, capaz de trazer para minha imagem mental a figura de um companheiro que compartilhasse comigo daquele cenário. Comentei sobre isso com Katina que se expressou contente por eu ter chegado a tal conclusão. Disse-me que, segundo meus relatos, era claro que os homens haviam desempenhado um papel importante de apoio e manutenção em minha vida, mas também havia um excesso de dependência, por minha parte. Ela perguntou se, em algum lugar, eu achava que sendo bem-sucedida eu ficaria sozinha ou, se ao contrário, me relacionando, não seria capaz de alcançar meus objetivos profissionais. Perguntou se eu tinha exemplos assim em minha família e diante do meu semblante atônito emendou: "Talvez você esteja negociando entre sua vida amorosa e profissional." Concluiu dizendo que era possível ir além da dicotomia imposta às mulheres: não era preciso escolher entre o liderar e o cuidar.

Dez dias se passaram e ela me conduzia em direção ao aeroporto. Eu carregava comigo um bloquinho de notas repleto de lembretes, anotações, tarefas a cumprir, metas a alcançar, sonhos a manifestar. Paramos em um restaurante no caminho para um rápido almoço e, ao receber minha conta, vejo que meu dinheiro havia terminado. Tentei o cartão de crédito, mas havia excedido o pouco limite disponível. Katina cobre minha parte, mas diz que vai me mandar seus dados bancários para que eu, quando pudesse, a transferisse. Disse-me estar certa de que eu não passaria mais por isso. De volta ao carro, me perguntou se em algum momento, naquela situação do restaurante, eu havia pensado que seria melhor se meu marido estivesse ali, ao meu lado, para resolver o problema. Dei uma gargalhada alta e respondi que sim. Nos abraçamos, nos despedimos, e nos comprometemos a um novo encontro dali um ano, para uma nova sessão.

Sentada novamente na poltrona do avião, dessa vez no caminho de volta para meu filho, me sentia contente em ter ouvido o chamado que me guiou até lá, por mais maluco que parecesse. Foram duas semanas somente, mas eu sentia que muita coisa dentro de mim havia mudado. Prometi a mim mesma não mais duvidar de minha intuição, não mais duvidar de mim. Faria meu melhor para isso. O desejo irrealizável, o ideário inatingível. Eu, que sempre me atirava ao "imoderável", descobria nessa ocasião a atração pelo extremo impossível. Era a primeira vez que parecia sensato ter amor pela paixão. Ativou-se a brasa, botou mais lenha na fogueira, me mostrou que era factível incendiar-me sem me queimar. Aprendi a brincar com meu próprio fogo, a jogar a meu favor. Engoli com alguma dor meu orgulho que sempre fora feroz, e aceitei humilde o que o destino me dava de esmola: a possibilidade de um futuro melhor. Me levantei do anonimato para poder reivindicar e ganhei, desde então, um ar obstinado. Coloquei meus fones de ouvido e lembrei-me de Dona Flor, parteira e erveira do cerrado, que certa vez me disse que a vontade do meu coração era o chamado de Deus. Fechei os olhos, e descansei.

corpo-templo

Chego à Romênia junto a Bento, com alguns meses de atraso. Dessa vez, porém, era eu quem havia bancado as passagens e cuidado de agilizar todos os documentos necessários à viagem. Silviu nos aguardava no aeroporto, orgulhoso e emocionado, com lindas flores. Era diferente chegar até ele a partir de escolhas autônomas e conscientes. Ambos sabíamos disso.

Foram nove meses de morada no leste europeu. Nove meses, o tempo de uma gestação que veio a termo com o nascimento da DanzaMedicina em firmes estruturas de solidez profissional, a partir dos caminhos traçados junto àqueles dias de mentoria na Califórnia. Diferente dos últimos anos de movimentos, viagens e muitas trocas, aquele momento no rigoroso inverno foi de introspecção, concentração e aterramento, que só a rotina torna possível. Depois de tantos anos colocando gravetos e folhas secas a alimentar meu fogo criativo, eu agora me munia de largos troncos a nutrir a queima lenta e constante. Foram sobre isso os meus meses monocromáticos na Romênia. Na falta de possibilidade para investimentos, aprendi a fazer meu próprio *website*, assistindo todos os tutoriais possíveis na internet; estudei os livros que estavam há tempos na espera; estruturei meu método de trabalho; organizei a logística dos encontros presenciais, e contei, para mim mesma e para os outros, sobre quem eu era e sobre o que pretendia fazer no mundo.

Na ocasião meu filho estava com quase cinco anos. Por conta do excesso de viagens, eu ainda o mantinha em *(un) home (un)schooling,* o que exigia que eu estivesse com ele em presença ativa ao longo dos dias. Minha dedicação ao trabalho acontecia então na madrugada adentro. Era frequente ter que enfrentar os pensamentos sorrateiros e insistentes sobre os possíveis fracassos, sobre a inutilidade de toda aquela dedicação, sobre o medo de não dar em nada. Assim eu descia, ladeira abaixo, rumo aos meus próprios escárnios. Acompanhada por chanupa, mate, rapé, vinho, microdoses de ayahuasca, Beyoncé e o que mais fosse necessário, me comprometia a manter-me desperta, ativa e confiante, até que minha versão destemida e focada se apresentasse.

Terminou o inverno e eu tinha então tudo preparado para começar uma nova etapa. Tudo não, mas uma agenda repleta de *workshops*, palestras e retiros marcados. Comecei dali uma turnê de três meses entre Europa e Brasil. Antes de partir, tentei descansar por algumas semanas em uma viagem com Silviu à Grécia, onde acabei por me enfiar de cabeça na mitologia e no estudos das deusas arquetípicas. Era claro onde estava meu foco naquele momento.

Já no Brasil, entre um trabalho e outro pelo país, me vi na Bahia de todos os santos e santas do pau oco, tropeçando em desatinos que achava, há tempos, estar curada: o lugar incerto do desejo. Era meu primeiro argentino para a coleção de estrangeiros que eu havia parado de contabilizar, o meu primeiro amante. Não houve muito espaço entre o dia em que trocamos olhares e nos espreitamos, até a noite em que passei nua sobre sua cama, desfrutando os prazeres da carne como há tempos não o fazia. Ele chamava meu nome durante o sexo, em uma repetição mântrica como se fosse a única coisa possível a se dizer. Parecia saber que de alguma forma aquilo ajudava-me a relembrar partes de mim que estavam esquecidas. Ele olhava cada parte do meu corpo com uma curiosidade e atenção desconcertantes, e me surpreendia em apontar cada nova marca encontrada pelo caminho. Quando terminávamos o gozo, se negava a sair da cama, se banhar ou se mover. Gostava de sentir o suor secando na pele que devagar resfriava. Antes que se levantasse, beijava minha boca lentamente para ter certeza se havíamos ou não terminado. Geralmente, recomeçávamos. O tempo se tornava longo e dilatado. Logo eu, que estava vivendo com tanta pressa. Quando meu corpo exausto e satisfeito dormia, acordava quase sempre com uma língua molhada, com uma mordida ou um sussurro no ouvido a despertar-me. O som do violão e o canto na varanda, o calor da mão pesada a apertar-me, os dedos apressados a invadir meu pescoço e cabelos já embaraçados. Logo eu, que estava vivendo com tantas métricas. Assim seguiam os dias, virando noites, e noites, virando dias. Minhas pupilas se acostumavam com as frestas de luz que escapavam da janela, sem importância ao que quer que acontecesse lá fora. Por vezes morcegos invadiam o leito, me fazendo pensar que, apesar de estranho, meu voo também era efetivo, minha perspectiva, cambaleante e torta, se tornava ainda sim mais alta.

Deixei sua casa depois de três noites e quatro dias e comecei a lidar com o fato de que eu ainda era uma mulher casada, que em breve retornaria à Romênia. Meu corpo de imediato sucumbiu a enormes feridas purulentas nos lábios e uma cistite aguda. Se em muito eu havia abusado da máscara do sagrado para tapar a cara feia dos meus moralismos e puritanismos, a noivinha-mamãe, que parecia respeitar as tradições, agora precisaria lidar com a herpes, com a infecção aguda, com o descontrole de seus ímpetos, e com a culpa.

Lembrei-me de Silviu, de nosso último jantar, antes que eu partisse para minhas viagens – a trabalho. Médicos neurocirurgiões sentados à mesa, orgulhosos de suas lapelas rijas, seus cabelos lambidos, bebês engomados e esposas frígidas. Silviu, com a vida amarrotada, ao ser perguntado sobre a camisa não passada e o cabelo despenteado, avisa de antemão que sua esposa estava mais ocupada em ser ela mesma, me oferecendo uma piscadela e um sorriso, em fidelidade. Nós já havíamos feito de tudo, desde o início corríamos às pressas em viver. Agora, na Romênia, num apartamento de carpetes com lustres dourados, a cama feita de segunda a sábado, os almoços aos domingos, tudo constituía o cenário de uma vida morna, opaca, careta, tanto quanto nossa relação se tornava. Eu preferiria que nos lembrássemos de nós como éramos, antes de nos tornarmos o que estávamos vindo a ser. Eternizei ele em mim e eu nele, sem nos conceder o direito a sermos mortais. O que era para ser um jantar de até logo, se mostrou ter sido em encerramento. Foi assim que morremos um para o outro, para seguir vivendo. Ainda preciso voltar à Romênia para me despedir.

Meus encontros com o argentino passaram a ser menos furtivos, e nossa ruína aconteceu em não precisarmos mais nos esconder. Nem de nós dois, nem dos outros, nem um do outro. Em nos exibirmos como somos, tudo, que já não era quase nada, se dissolveu. Mal sobrou vontade de desejo. Disse-me um dia que "tínhamos uma filhinha no astral". Eu pedi que ele a descrevesse e a imagem que me trouxe foi a mesma daquela que eu, há semanas, testemunhava povoando meus sonhos. A ideia de uma criança que se dispunha a chegar por meio de nossa união era um alarme, porém. Eu estava me envolvendo demais, e precisava de limites seguros. Por pouco não obedeci à minha velha lógica da carência-captura, o que, segundo ele, evidenciava-me enquanto uma mulher "complicada demais". Disse-me o argentino que era por isso que gostava das meninas mais novas. Não por uma questão de estética, fez questão de explicar, mas por serem mais leves. Ele, certamente, nunca havia refletido sobre o que acontece às meninas mais novas e leves para tornarem-se essas tais mulheres. "Têm menos feridas, não carregam tantos traumas. São mais fáceis de lidar", disse. Eu não o perguntei, ele possivelmente nunca se perguntou.

A cultura da infantilização feminina ainda me prestava grande desfavor. Ainda sem muitos dos processos iniciáticos possíveis à maturidade, eu me envergava a uma ingenuidade arraigada, uma leveza distraída, a uma responsividade automatizada. Preferia ser aquela simples de lidar, de sorriso fácil, que amortece antagonismos, minimiza conflitos, que se adapta às expectativas externas em performatividade. Mais do que entendê-las como qualidades, referia-me a estas como sendo a própria essência do "ser-mulher". Com o tempo, entretanto, fui aprendendo a ser leve sem ser rasa, a ser amorosa e acolhedora sem ser ingênua e frívola, compassiva e flexível ao invés de excessivamente complacente e indulgente. Estava permitindo enfim que, como mulher, minha menina crescesse. Depois de muito dizer sim ao outro enquanto dizendo não a mim mesma, fui cedendo à constatação de que o meus traços delicados e finos podiam coexistir com o bruto que me compõe. Bruto pode-se entender por violento, agressivo, cruel, mas em outras definições pode significar não poluído, no estado natural, puro, original, não maculado pelos males da civilização. Meus pés pequenos e delicados, meu corpo de 50 quilos e 1,60m também não dizem muito sobre a consistência que carrego, de quem já viveu e confessa, já viu de muito um tanto, sabe um pouco da vida e de si. Afinal, me pergunto, de que valeria amadurecer se não aplicar esta sabedoria aos próprios termos?

Parti para mais um encontro de mulheres nos Estados Unidos, parte do roteiro de trabalhos previsto para o verão, e uma rota de fuga que me afastasse de minha insistência em repetir os velhos padrões. A semana de mergulho começou com uma cerimônia de *Kava-Kava* conduzida por Erin Merriman. Durante o processo, me vi nua à frente de meus pais, que escoravam minhas costas tocando suavemente as mãos sobre meus ombros, em consentimento e forçosa placidez. Na sequência da imagem, um estranho se posiciona diante de nós três, abre sua calça e me penetra violentamente com enorme falo e sorriso. Meus pais seguem com a expressão imperturbável. O abusador goza e se afasta, me olha com desprezo e desejo até que meu rosto se transfigura, adequando às feições de um demônio vermelho e preto, de língua bífida e afiados dentes. Das pernas ainda arreganhadas, jatos de sangue começam a jorrar desde minha vagina, afogando a todos eles.

Na sequência, pesadelos passaram a povoar minhas noites de barraca sob as enormes árvores de cedros: homens que me perseguiam, imagens de traições e escárnio, violência e abuso, cenas de feminicídio, machismo, e muitas outras passagens possíveis ao repertório daquele velho hóspede, o intruso. Hóspede, entre hóstia e hostil, entre a comunhão e a hostilidade. Aquele estrangeiro que não fala minha língua, parece familiar mas é estranho a mim, que se introduz à força e se mantém sob suspeita, com vontade própria, sempre em oposição à minha. Aquele que usa de todas as artimanhas para passar despercebido, conduzindo-me à espreita. Ele finalmente dava as caras, ou finalmente, eu resolvi olhá-lo de frente.

Já se tornava um costume que em todas as minhas idas ao Spirit Weavers, eu apoiava o feitio das cerimônias de cacau pelas manhãs. Era lá que eu curava, ao lado de minha professora Paola, as memórias e apagamentos das noites turvas. Meus dias ali passaram a girar em torno de integrar meus sonhos e a tudo o que deles emergia, transitando-me a novos registros. Durante uma dessas cerimônias, ainda a devanear em meus assombros imaginativos, recebo a presença de *Grandmother Sarah*, que se apresenta espiritualmente em meu campo de consciência. Quando abro meus olhos, a vejo materializada ao meu lado, sentada em uma cadeira, e eu a seus pés – bem como gosto de estar quando diante de uma *abuela*. Sarah carrega consigo um potente trabalho a respeito dos sonhos, e seria claramente a melhor pessoa para trazer significância a tudo aquilo. Ao conversarmos, a sábia avó me sugere, inesperadamente, quatro estações em celibato: "Quem é você no verão, no inverno, na primavera? Quem é você quando está só, no outono?", e emendou com a pergunta: "Como você vai saber quem você pode ser com o outro, se você nem ao menos sabe quem você é sozinha?" Não consegui responder muito além de um engasgado "tudo bem". Não dá para negociar conselhos de *abuela*, eu já havia aprendido que quando eu perguntava, precisava estar aberta a acolher a resposta, seja ela qual fosse. Perguntou, agora aguenta. Assim deve ser.

Segui repetindo este "tudo bem" algumas milhares de vezes em minha mente, como um mantra, enquanto recolhia minha barraca, levantava meu acampamento e fazia minhas malas para voltar para casa. Tudo bem, Morena, tudo bem. Eram só quatro estações, porque parecia algo tão complicado? Em um rito com sangue menstrual, canela e mel, ofereci meu elixir à terra e decretei que estava entrando em um ano celibatário. Pedi as bênçãos às sete direções e cortei os laços com todos aqueles que estivessem ainda em meu campo, inclusive com o tal argentino. Nunca mais tivemos notícias um do outro. Foi assim, eu me coloquei disponível a viver esta experiência, e ela simplesmente aconteceu.

Cheguei ao Brasil, como previsto, com uma mão na frente e outra a carregar o Bento. Passamos ainda um ano inteiro sem casa, viajando e trabalhando, até que eu tive suficiente coragem e condição financeira para bancar uma outra forma de existência. O filhote aos cinco anos pode celebrar comigo nossa primeira moradia, por mim garantida.

Era forte a ideia de tomar conta de tudo sozinha. O carro estragava, o chuveiro queimava, a tampa do vidro de palmito teimava em não sair mesmo com toda a performance de gemidos e muita força. O coco seco não virava leite porque eu não conseguia empreender sua abertura. As compras de supermercado não chegavam sozinhas até a cozinha, o lixo orgânico não se enterrava por si só. Tudo dependia de mim. Foi assim que aprendi que destampar os potes de palmito demanda mais jeito do que força, que ao colocar o coco seco no fogo, ele abre praticamente sozinho. Aprendi a diminuir o tamanho das caixas de papelão do supermercado, para fazer viagens mais leves, morro acima, do carro em direção à cozinha. Pegar a enxada para cuidar da composteira se tornou meu momento de catarse, onde eu me libertava de raivas reprimidas e palavras engolidas em seco. O buraco do lixo orgânico sempre ficava maior e mais perfeito do que o imaginado, e no fim, eu me escorava na enxada, suada e com aquele sorriso de quem se vingou sem sujar as mãos de sangue, só de terra.

Quando passava apressada e atarefada pelo meu filho, ficava surpreendida, como se subitamente interrompida por uma estranheza familiar. Em tentar ser mãe, eu não tinha mais tempo para ser mãe. Felizmente não tardou para que me assumisse incapaz de ser mãe aos supostos termos. Soltei o cabo de guerra dos papéis sociais e dos preceitos morais vigentes e sucumbi ao fracasso de ser mãe em meus desajeitos, e então fui mais feliz. Desde então se tornou comum ouvir por aí, em tom sarcástico e irônico, que eu não tinha "cara de mãe". Que cara deve ter uma mãe, afinal? Me importava somente que eu e Bento estivéssemos crescendo bem, saudáveis, felizes e confiantes. Em não precisar cuidar de homens imaturos, eu cuidava melhor dele, e de mim. Estávamos novamente nutridos, novamente fortalecidos, a vida parecia estar progredindo, estávamos avançando, mesmo que em solavancos. Ao me honrar como sou, aprendi a honrar a existência de meu filho e pude finalmente sentir um amor descomplicado, leve e descontraído. Para além das regras impostas, nossos olhos, quando se encontram, renovam e reveem os nossos acordos, e se reconhecem. Nos nossos sorrisos sutis, que não demandam nenhum tipo de expressão afirmativa, moram consentimentos sobre sermos quem somos e nos permitirmos. Nossa presença em compreensão da sagrada individualidade é a raiz de nossa recíproca confiança. A liberdade que eu desfruto é a mesma que lhe concebo. Ele é porque eu sou, e se torna nos limites das infinitudes do que me permito tornar-me.

Tudo que batalhei foi para gerar a ele boas heranças de uma mãe que vive em paz com suas escolhas e verdades, para que ele possa seguir as suas escolhas e verdades em paz. Tudo que batalhei foi para dar a ele um teto, comida na mesa, educação, acesso à estímulos que pudessem potencializar seus dons e virtudes. Sigo batalhando para me tornar uma mãe melhor a cada dia e sigo revendo isso de batalhar tanto, porque o que ele mais gosta mesmo é de me ter leve, passarinha. De qualquer forma, sei bem que não podemos depositar na próxima geração a responsabilidade de relembrar aquilo que nós mesmas esquecemos.

Enquanto a solidão apertava e o corpo sentia falta de apoio e acolhimento, comecei a descobrir em outras mulheres a nutrição, as poderosas redes de apoio. Assumi, naquele momento, muito da responsabilidade pela cura das relações com as mulheres, me conscientizando dos momentos em que me movia em direção à comparação, à inveja, à competição e pelas situações em que respondi a tudo isso também em desamor. Revisei minhas tendências ao criticismo, ao territorialismo e agressividade passiva, aos poucos silenciando as palavras de maledicência. Consegui perdoar muitas mulheres pelas vezes em que me sentia hostilizada e subjugada, por não ter sido por vezes aceita em minhas fraquezas, ou exuberância. Do reflexo obscuro de mim mesma, passei a enxergar cada vez mais brilho em luz, retrorrefletivos. Ganhar e dar colo, e dormir de conchinha com as amigas, começou a se tornar mais comum do que o previsto.

Era tênue a linha entre sentir orgulho de minha independência e a ideia de ter me tornado uma mulher frustrada e cansada. Não posso negar que eu havia, por toda uma vida, desde as bonecas e casinha, me preparado para o meu príncipe, para aquele que me tiraria dos apuros e da realidade entediante, que pode por vezes a existência tomar. Tropeçava em resquícios da ilusão do amor romântico, mas logo tirava o sapatinho de cristal e colocava os dois pés mais firmes no chão, sentados sob minhas próprias pernas. Por vezes esticava minha pele no espelho, testava a gravidade dos peitos caídos, olhava minha bunda com a lupa dos *photoshops*. Por vezes pensava que não teria tempo e nem paciência para recomeçar. Ficava triste por não ser mais como antes, ficava feliz por não ser mais como antes.

O prazer passou a permear as pequenas tarefas solitárias, na tentativa de sustentar a leveza: lavar a louça, faxinar a casa, cuidar da horta, estender as roupas ao sol. Comecei a me comprar flores toda semana, a declarar meu amor incondicional à mim mesma. Preparava minha comida como se estivesse preparando um jantar romântico, uma celebração pela união comigo mesma e com a vida. Me muni do que era necessário: um bom vibrador clitoriano de seis pilhas, um massageador vaginal de obsidiana, óleo vaginal de ganja chapa-xana, e longos momentos de autocuidado. Às vezes, fazia amor comigo mesma na floresta, entre os pássaros, sentindo a brisa fresca, as árvores em testemunha, a pele nua ao sol ou banhada pela lua. Dedicava meus orgasmos à purificação das águas e à paz mundial. Tinha mais tempo e liberdade para dançar, e o fazia nua, na sala de casa. Tendo como vizinhas uma floresta de um lado e uma cachoeira de outro, eu poderia ficar um tanto louca quando necessário, em antídoto à verdadeira insanidade. Passei a fazer fogo com recorrência, quase todas as noites. Tínhamos, eu e este sábio avô fogo, diálogos silenciosos e profundos. Minha rotina incluía fazer banhos de assento, automassagem, ritualizar meu sangue menstrual, meditar e colocar em prática os meus objetivos.

 O caderninho de anotações de Katina continuava comigo, e havia mais e mais trabalho a fazer. Confesso que me decepcionei um tanto ao perceber que para manifestar o que eu havia me proposto, não haveria atalhos. Foi desafiante e desconcertante ter que aprender a ganhar e lidar com dinheiro, ter que vender sem ser comprada, ter que me expor, dar a cara tapa, arriscar ao erro e ao fracasso, às críticas. Fiz CNPJ, contratei uma secretária, uma advogada, uma contadora e uma consultora financeira. Elaborei contratos, paguei imposto de renda, IPVA, FGTS, fiz planilhas, fechamento de caixa, paguei em dia meus boletos e estes só aumentavam com o tempo. Arrumei uma dor na lombar que durou até que eu aceitasse que meu trabalho não se resumiria a facilitar vivências de

DanzaMedicina, mas toda uma logística complexa por trás dela. Quase dois anos de negações.

Ao criar meu primeiro curso *on-line*, sobre percepção de fertilidade, menstruação e ciclicidade, as resistências em permear as linhas tênues do *marketing* digital eram tão grandes que no dia do lançamento expeli uma pedra renal. Pari com dor as minhas águas calcificadas. Eu era uma das únicas mulheres a falar sobre corpos menstruantes nas redes sociais, o que gerou animosidade tanto das conservadoras que queriam manter o tema enquanto tabu, quanto das esquerdistas, que não compreendiam a função social deste trabalho diante da pobreza menstrual, ou das espiritualizadas, que achavam que o sagrado não era para a internet. Levei pedradas de todos os lados, inclusive da megera conservadora, da militante, ou da hippie, todas-em-mim.

Apesar do esforço descomunal para que as mulheres não se levem a sério, eu optei por seguir adiante, tendo meus passos como eco de minha voz. Compreendi que o feminino, para existir, precisa se manter alheio ao lugar comum, precisa mesmo resistir, constantemente encontrando linhas de fuga. Por não compactuar, me mantive mais alerta do que nunca, sempre sujeita a encontrar deslocamentos através do saber pulsional, do afeto, daquilo que favorece a vida oxigenada, que empurra, que exige transfiguração. Me comprometi a falar em nome próprio, não distraindo-me com os olhos que me analisam ou tentam me produzir, nem protegendo-me de mim mesma ao ponto de minar minhas intensidades e expressões.

Quase completos os cinco anos daquela visão de futuro em permissão, percorri onze países a compartilhar meus trabalhos presenciais, reuni uma comunidade com mais de cem mil mulheres, lancei um livro que em dois anos foi publicado em quatro idiomas, ocupei espaços de atuação que não imaginei ser possível. Por vezes lembro-me de Katina, que em nosso primeiro dia de fechar os olhos e visualizar a vida em cinco anos, testemunhou-me contar que eu seria uma parteira, daquelas que pega bebê e cuida de mãe que pare. Ela disse que não, que eu seria DanzaMedicina mesmo. Concordei porque entre tantas coisas que sei fazer essa seria mais fácil aos meus intentos, já estava brigada na carne desde a alma, nem mesmo precisava tornar-me. Engraçado foi a quantidade de mulher que veio a mim dizer com os olhos mareados e brilhantes de quem acaba de acordar do sono profundo da vida mesquinha, que eu havia sido sua parteira. Pariram elas a si mesmas. Essa dos olhos reavivados é a maior das conquistas, mas alcancei-me também uma que escapa das mesuras entre os sonhos e as mãos: ser parte da pequena parcela dos cinco por cento das propriedades rurais no Brasil que são guardadas por mulheres – a gênese do capitalismo e a força do patriarcado explicam. Ser parte de menos da metade desse percentual, por não a ter recebido como herança de família, e uma parcela ainda menor, por escolher mantê-la protegida e preservada. O resultado em reunir todos os meus recursos, em botar em prática meus dons e talentos para melhor uso possível de minha magia pessoal e esforços, agora está lá: sendo abrigo de floresta em pé, ar puro, semente crioula, água limpa, terra rezada. Foi essa visão que durante todos esses anos me ajudou a acordar de manhã, levantar da cama e seguir trabalhando.

Apesar de satisfeita, esse passo é pequeno diante das minha utopias: mais mulheres floresteiras, mais ecologia profunda, permacultura, reforma agrária, mais e melhores redes de apoio que estruturam maternagens socialmente justas, por um futuro possível aos nossos filhos e às gerações porvir. O fim da agricultura industrial, da monocultura das mentes e das vidas. O mais bonito foi perceber que se fez possível ser abundante, próspera e ainda sim, verdadeira e íntegra, para que o saldo fosse positivo não somente para mim mas para tantas outras mulheres. Subindo e erguendo junto, quase achei não ser possível subverter o sistema desde dentro, transformando aos poucos o que está à minha altura, diante do alcance das minhas mãos.

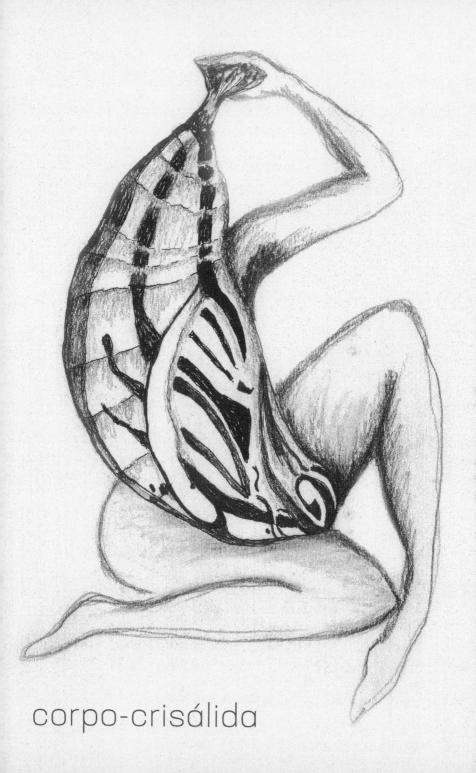

corpo-crisálida

Chego à maternidade para induzir o trabalho de parto, depois de mais uma perda gestacional. Antes desta, outras três. Aborto retido, é como chamam. No quarto, o bercinho ao lado da cama me lembra que aquele espaço é um pouco indiferente às especificidades do meu sentir. Sempre me intrigou contemplar uma flor que murcha antes de desabrochar.

As contrações começam e eu peço em tom ríspido que meu companheiro pare de ler o livro. Da última vez, ele me narrou Clarice Lispector, embalando meu rebolar durante as contrações de abertura do canal de vida-morte. Ele sorri, repete a frase em tom interrogativo, mas compreende meu imperativo. Preciso dele agora. Na primeira vez o nosso bebê estava maiorzinho, já tinha até costelas e tornozelo, tinha dedinhos, um nariz como o meu. Dessa vez precisa de curetagem, e eu de silêncio. Me sinto aliviada por finalizar um ciclo após meses de angústia, tentando fazer um coração bater mais forte do que seu corpinho recém-chegado, com resquício de pulsão, seria capaz.

Lembro-me da minha última ida ao México, para a *Danza de la Luna*. Completados quatro anos de estudo e dedicação no caminho vermelho, quatro noites sem dormir e sem comer, dançando e rezando junto a outras quinhentas mulheres. Foi quando recebi meu nome de batismo pela linhagem de *Ollintlahuimetztli*, em Teotihuacan, junto à minha *abuela*, Malinali. Tlazolteotl, foi o nome que me deram. Tlazolteotl, que significa "a deusa da impureza" – com sua boca negra aberta em direção ao céu e sua vagina projetada a expor a cabeça de um bebê em expulsivo. Aquela que engole as sujeiras e as transmuta, uma matéria orgânica em decomposição, o obscuro que me contempla, desde a sabedoria das entrelinhas

Nahuatl. Meses antes na Califórnia, uma xamã que dizia se comunicar com os espíritos dos bebês contava-me que uma morte me faria firmar aquilo que importa em vida, mas não achei que fosse literal. Lembro-me também de uma cerimônia de San Pedro em Pumawanka, no vale de Urubamba, onde, incorporada de uma preta velha, uma mulher se aproximou para dizer que mamãe Oxum pedia que eu deixasse a menina vir.

A vida já sabia o que eu nem imaginava. Tentou avisar-me, porém. Mas que grande peça me armou, sabida, serpente de língua bífida, me deu o bote quando eu menos esperava. Um, dois, três, quatro bebês mortos, no meu útero sagrado e cada vez mais laico. A morte tem anunciação, assim como a vida. Chega impondo um tom, uma coloração acinzentada, opalina, um grave dissonante, um eco. Sempre que se aproxima, a sinto em arrepios e silêncio, à espreita até que o gosto ferroso me tome a boca. Depois dela tanto me invadir pele e vagina adentro, a textura no palato nunca mais foi a mesma. Entre geneticistas, testes, exames, curetagens, autópsias, clínicas de reprodução assistida, para dentro e para baixo, todos foram inesitantes em afirmar que meu corpo estava em perfeito funcionamento e saudável, que meu companheiro era compatível, que as causas de minhas perdas a medicina não explica.

Entre tudo o que já me disseram sobre as razões dos tais bebês não sobreviverem, minha conclusão era de que, em algum lugar desconhecido, eu sempre quisera ter muitos filhos. Isso, porém, de ser mulher parideira, não se encaixaria muito bem nos planos de independência, viagens e da pose de quem não liga pra essas coisas de família. Era bom, então, engravidar tanto e não ter que lidar com o resto. Era bom poder contar que eu estava grávida depois da anunciação do teste positivo, fazer amor com meu homem pensando que tínhamos uma semente nossa no ventre, era bom ver a emoção dele brotando os olhos de afeto por um filho que chegava, era bom ter desejos de comidas boas e justificar minha preguiça pelo cansaço que a gestação causava. Era bom ser a mãe dos seus filhos, ser família criada, escolher os nomes. Era bom até parir eles mortinhos e ver meu homem segurando minha mão, esquecendo as ideias pornográficas e fantasias sobre meu corpo de mulher, e ainda assim, me desejando, desejando o corpo dessa que pare filhos mortos. Era bom, porém, não ter que lidar com todo o resto. Acho que foi assim que eu me tornei mãe de cinco.

Contrações se apressam, o colo dilata, o útero começa a expulsar. Deixando o livro de lado, ele massageia meu quadril e diz que estou linda descabelada. Chupa minha mama seca, me beija os olhos marejados. Penso sobre a quantidade de mulheres que usam aquele medicamento abortivo sozinhas em casa, clandestinamente. Penso sobre o medo que elas sentiram e sobre como o sistema não nos enxerga em nossas complexidades e singularidades. Sinto por isso. Sinto a lei do homem pisando sobre nós e sinto o grande mistério atuando secretamente sobre nossos destinos tortos.

Já estive no centro cirúrgico antes, nesse mesmo contexto. Os braços abertos e amarrados na preparação do procedimento me lembra uma espécie de crucificação, não há nada a fazer. Minhas pernas abertas sobre a perneira, não há nada a fazer. Meu companheiro entra na sala. O uniforme azul combina com a cor dos seus olhos e fico feliz por sentir seu toque sobre o meu rosto. Penso que tenho um certo fetiche pelo uniforme azul, mas antes que eu pudesse dizer qualquer bobagem a respeito, durmo profundamente sob efeito da anestesia.

Acordo com a enfermeira preparando meu retorno ao quarto. Abro os olhos, ouço dizerem que terminou. Acabou. Meu parceiro ainda está ali, seus olhos combinando com o uniforme. Otto, o nome dele é Otto. Nos conhecíamos desde criança, mas só dezessete carnavais depois de nosso primeiro e último beijo, foi então possível nos reconhecermos. Cá estamos os dois, naquela fase do relacionamento em que, já passados os anos, mais reclamamos do que elogiamos um ao outro. Ele então ri do efeito da anestesia em mim, que me faz declarar meu amor e apreço por ele.

Nos encontramos de tantos modos, penso: nos nossos vinis, entre os livros de nossa biblioteca, nas refeições da cozinha já gasta, nas manifestações de rua, sob nossos lençóis, nas inquietações que a vida traz, nos futuros que a vida pede. Até quando nos desencontramos foi para refazer pontes quebradas, tem sido para buscar novos acessos. Nossos pés se encontram nas madrugadas, para lembrar que sobre as noites cálidas e longas, ainda estamos ali. Até no centro cirúrgico, a moer e sugar o que um dia brotou do sublime de nosso gozo, nos reencontramos.

O amo muito, mas o amo como posso. Depois de ter beijado todos os sapos, dado o pé na bunda de tantos príncipes, construído minhas próprias edificações e castelos. Na encruzilhada da entrega e da barganha, me descobri de mãos atadas a um coração desritmado e torto. Sei que depende só de mim dar-me o que necessito, e bem o faço, mas esse sentido profundo que a vida me pede em ser junto, eu por vezes custo a dar. Dia a dia vou desolidificando a intransponível armadura do medo de amar.

A caminho do elevador, deitada sobre a maca, minhas declarações se estendem também à enfermeira que, apressada, passa e me sorri. Sorrio de volta e lembro da dor que não se faz anestesiar, nem dormir – golpes na alma e na carne. Após tanta dedicação a mim mesma e ao trabalho, depois de tantas conquistas e curas, eu me sentia pronta para ressignificar os caminhos do maternar. Achei que eu havia dominado o destino. Não imaginava, porém, que eu precisaria caminhar por lugares tão áridos para dar valor à água, sentir tão sórdida sede para beber desta com mais respeito. Ainda carrego a imagem de minha mão tocando as costinhas do bebê em meu colo, tentando descobrir que cheiro esse momento teria. Tenho o ventre e as mãos vazias, e assim deixo o hospital. Vazante, sangrando. Bolo um tabaco, e então posso fumar em paz. Tomo uma cerveja. Chegamos em casa com um potinho e anuncio à minha sogra a chegada de seu neto. Ela manda eu me foder e rimos. Não há mais nada a fazer. Meu bebê virou restos fetais que foram enviados ao geneticista. Feita a autópsia, ficamos sabendo que era uma menina, bem como eu pressentia.

Ouvi uma vez dizer que a jornada do herói consiste em voltar para o mesmo lugar como se fosse a primeira vez. Heroína ou não, escolhi viver em Minas Gerais, pertinho do lugar onde cresci durante a infância. Depois de quinze anos em caminhança errante, e aqui estou, sendo nós, em uma pequena vila de três mil habitantes.

Temos uma represa na beira de casa que eu prefiro chamar de rio. A gente costumava nadar mais nele, mas hoje tenho a sensação de que anda sujo. Tem uma hora específica do dia que desço para a beira e sinto um cheiro estranho. Sempre às 17h30 por aí, quando o sol começa a cair, o cheiro sobe. Parei de nadar e estou esperando a pandemia acabar para levar a água para teste e tirar isso da cabeça.

Temos enterrados três bebês e um gambá no nosso quintal. A quarta e última, Antônia, não recebeu cerimônia de voltar pra terra. Foi para a autópsia no potinho e não sei o que foi feito dela depois, nunca perguntei. Os outros estão cá. O gambá, Otto matou com uma lança que a gente trouxe de uma aldeia indígena qualquer. Enfiou ela no bicho, goela abaixo. Até hoje ele não superou mas se justifica, cheio de remorso, dizendo que tentou muitas outras coisas antes disso, mas nada funcionou. O danado do gambá fazia xixi na cabeça da gente pelo teto de madeira, por vezes enquanto jantávamos na mesa da cozinha. Ficava como um objeto decorativo plantado no canto da sala e derrubava os potes de sementes e temperos da cozinha. A morte foi lenta. Eu estava na Califórnia e ele fez questão de me enviar fotos de todos os momentos cruciais, inclusive do gambá no sofá e depois com as tripas de fora, para compartilhar a dor da culpa. Hoje aprendemos a capturar os intrusos e nos regalamos em devolver ratos, gambás e outros rabudos para a florestinha que fica do outro lado do rio.

Acordamos sempre com o sol nascendo. Semana passada Bento vomitou a noite toda. Roubou o pote de Nutella e exagerou um pouco. O deus vegano castigou. Ficamos acordados até o sol nascer. Ele contou todas as cores que tingiam o céu e me disse que conseguia enfim entender o porquê de eu acordar tão cedo todos os dias. Durmo cedo também. Meu filho gosta de dormir tarde. Ele adora o ritual de assistir filmes antes de dormir. Ele diz que eu sou a pessoa que melhor escolhe filmes no mundo e pede para que eu não jante sopa, senão eu durmo ainda mais cedo: "sopa dá sono", ele diz. Além do nascer do sol, o padre toca Ave Maria na igreja todos os dias pela manhã, pontualmente às 6h.

Faz pouco, uma mulher morreu na vizinhança. Feminicídio. Otto trabalha no IML, ora abre corpos mortos para ver o que aconteceu dentro, ora tenta fechar algumas feridas de violência quando chegam quase vivos para perícia. Foi ele que recebeu o corpo dela, ainda quente, que morreu com uma pedrada na cabeça. Um corpo que ainda ecoava os gritos que eu ouvi durante toda a noite, mas por não acreditar serem reais, nada fiz. Outro dia também uma mulher deu à luz a um bebê vivinho e botou ele na sacola. Pariu no banheiro, do jeitinho que eu queria, mas pra ela era pesadelo. Foi presa por infanticídio no Dia das Mães. Otto que me contou. Examinou o bebê pra ver se respirou ou já nasceu morto. Respirou, ele disse. A mãe o matou.

Aqui onde moramos não tem serviço de entrega, não tem sinal de trânsito, pagamos tudo no dinheiro, porque também não tem banco. Dona Maria, a balconista do mercadinho, pergunta para onde eu fui viajar, caso eu demore a voltar, sabe que tipo de ovo eu gosto e pergunta pelo "dotô" meu marido toda vez que me vê passar. Tivemos cinco casos de Covid-19 na cidade, mesmo assim, os velhos seguem jogando baralho na calçada, sem máscaras, mas com rugas de uma vida precocemente envelhecida.

Pergunto-me sobre o tanto de coração que precisa para manter uma casa de pé. Me deito na cama, quase um corpo estirado por um chão disfarçado, com os olhos miúdos entre bochechas amassadas – um breve descanso antes de começar a pensar na janta. A semana está quase lá – compromissos cumpridos – os boletos pagos – *check* –, as luzes esquecidas acesas – filho, quantas vezes vou precisar falar? Nos olhamos nos olhos e nos unimos durante as refeições – se demorar vai comer frio! Nos abraçamos sem razão, nos damos bom dia e boa noite mesmo nos encontrando todo o tempo – dormiu bem? Dorme com os anjos! Não nos deixamos esquecer de que somos família. O dia passa corrido – que dia é hoje mesmo? –, estamos tentando manter nossos tempos bem cuidados – ainda bem que já é quinta. Já? Ecoamos os silêncios quando esses falam mais alto... De quanto coração precisa pra manter uma casa de pé? Unir sonhos, frustrações, juntar os medos, desejos e oscilações, tudo debaixo de um mesmo teto. Costurar a falta de um, na necessidade do outro, a sobra deste, na exigência daquele. Num mesmo emaranhado, as concessões de todos. Quando um chora todo mundo chora um pouco junto, quando um celebra todo mundo celebra um tanto junto. Quando um erra todo mundo aprende, quando um aprende, todo mundo agradece.

Outro dia arrumei a mochila de Bento para sair. Na despedida, ele hesitou. Eu também. Eu senti, ele sentiu. Havia algo estranho nos olhares. Era só um passeio de bicicleta com os amigos, nada demais, sabíamos que não era nada demais. Já tivemos oceanos de distância em outros tempos, e ainda sim os corações tranquilos. Já o tive com um colar de identificação de companhia aérea como menor desacompanhado. Houve um ano inteirinho em que ele decidiu morar com o pai, e a tudo isso eu sobrevivi. Dessa vez, era só um passeio com os amigos. Mas havia algo no gesto dele: colocar a mochila e se despedir. Deu medo vê-lo crescer. Deu vontade de parar o tempo, deu vontade de dizer tanta coisa que eu nem sei. É bom vê-lo crescer, mas com a mochila nas costas pareceu levar um pedaço meu junto. Lembrei da minha mãe. Ela ainda hoje fala sobre "a mochila nas costas" aos sete para a escola, aos dezessete para o mundo. Hoje compreendo. Coloquei o doce que ele gosta, vai ser surpresa. Esqueci a toalha e saí apressada para enfiar na bolsa a tempo. Ele voltou correndo para resgatar a chuteira e foi de novo. Se despediu olhando pra trás. Sabíamos que havia algo estranho ali. Antes de cruzar o portão, já sobre a bicicleta, me gritou um "obrigado" sem contexto. Eu sabia que ele sabia, ele sabia que eu também.

Inventei recentemente de fazer um mestrado em Psicologia Clínica e me peguei envolta a convenções acadêmicas, espaços higienizados e ambientes institucionalizados. Desde então ouço pessoas discutirem sobre "o que pode um corpo?" – quase um jargão do núcleo de estudos da subjetividade. Meus professores o mencionam, mas eu nunca perguntei quais conceitos estariam por trás dessa pergunta. As músicas que conheço por completo me escapam à memória, as que raptei pequenas estrofes, muitas vezes em paródias inventivas são aquelas que se repetem como um disco riscado na minha mente, já um tanto confusa e ruidosa. Cantarolei "o que pode um corpo?" por meses a fio, quase diariamente, sem querer saber o resto da canção, sem me preocupar com a resposta. Talvez eu só precisasse aprender que nem tudo pode um corpo, que nem tudo pode o meu corpo.

Apesar de saber dos giros que a vida dá, passei a me sentir um pouco triste. Não sei se pelos anos de boletos, se pelo sedentarismo, pelos lutos, a monogamia, ou se pela idade que diminuiu minhas possibilidades de tentativa e erro. Não sei se pelos humores necessários à produção literária, à academia, à militância, ou se por tirar a poeira do que ficou esquecido. Talvez, juntando tudo, pude dar conta de que deixei há tempos de sustentar a leveza. Talvez devêssemos escrever um manifesto para a alegria das pessoas adultas, das que lutam, das que se comprometem. Deixo isso para os mais jovens, ou para quando novamente a vida se encantar.

Estando aqui, sendo olhada por quem me vê tão de perto, compreendo que, em perseguir uma vida lenta, corri tanto para alcançá-la que acabei a ultrapassando. Achei que era medo do fracasso, depois que era medo do meu próprio brilho. Pensei que fosse síndrome da impostora, botei a culpa no patriarcado, contei ser castração: querem-nos pequenas. Por fim entendi que o medo era de ser descoberta, flagrada, de ser pega com a boca na botija. Ao desacelerar, percebi, na pressa e no esforço, a insegurança disfarçada de força, o incessante rigor da curadoria do eu. Em querer tornar-me, deixei de ser.

Mesmo nas tardes quentes, daquelas que queimam lá fora, em que as crianças nadam aos gritos de sábado na piscina azul como um oceano de prazeres, eu me vi trancafiada no escritório. Se necessário, passava dias sem viver e noites sem dormir, até recolher todos os apetrechos possíveis para convencer-me ser suficientemente boa. Não conseguia ler um texto sem roubar o que me impressionava, ou testemunhar movimentos sem medir se cabiam em minha dança. A todo momento estava a furtar: uma expressão, uma arte, um conceito, um modo de ser, uma forma de existir. No medo de ser descoberta e no desejo de ser melhor, eu não podia descansar em paz.

Sem nunca, jamais, abandonar a mulher que em mim conquistei, estou a tirar os véus. Faço-o antes que por demais me identifique com aquela que construí ou pensam que sou. Cancelei os convites para viagens internacionais mundo afora, abri mão dos trabalhos com lista de espera, dei uns passos atrás na acumulação de capital narcísico. Apaguei as luzes do palco que por vezes não me permitiam enxergar com clareza. Ando pedindo à vida calma, não queria mais ser assim, tão lá. Exercito o respirar enquanto o mundo gira mais rápido do que minha mente deseja acompanhar. Faço minhas cerâmicas centralizando o barro e volto ao eixo do tempo. Bordo e alinhavo os retalhos aos fragmentos do que, em passos ágeis, deixei cair sem intento. No tempero dos tempos dilatados dessa boa e velha resistência "poetêra", hoje cozinho meus sentires a fogo brando.

Foi no momento em que me equilibrava entre tentativas tantas de estabelecer um elo sadio entre o dentro e o fora, que a vida me trouxe um ritual de fechamento de corpo. Uma prática da parteria mexicana para selar o encerramento do ciclo de minhas perdas gestacionais. Me colocaram em um casulo e o que vi foi assustador: centenas de mulheres carregando fragmentos de meu útero sobre suas mãos. Desde então, não quis mais sair do casulo. Devolvi para as mulheres a responsabilidade por seus próprios processos, e peguei de volta o meu útero. Batalhei possíveis condições financeiras e emocionais antes impensáveis, e optei por sustentar-me um ano sabático.

Ainda bem que não caí na besteira da ejaculação precoce para às pressas fingir retomar o equilíbrio e partir em fuga das fissuras. Há quem goste do belo, do jovem, do luminoso, liso, fácil, plácido. Eu, porventura, estou cada dia a gostar mais do rugoso, dos que carregam cicatrizes sob a pele murcha do tempo, dos que coexistem entre sombras e luzes no desmedido, dos que contam as tramas de batalhas vencidas, dos que se contorcem em suas profundidades finas. A mim está a apetecer aqueles que aparecem quando o visível se desfaz. Ao invés de escapar, fugir, procrastinar ou conciliar, aceitei o convite para dançar por entre o subterrâneo e a superfície, me deleitando com as descidas, agradecendo pelas subidas, habitando o desconforto, repousando no caos de dentro. Há dias que em meus reflexos, umbigo numinoso, enalteço minha própria existência. Há outros, porém, geralmente perto da menstruação, quando víscera e éter se unem, em que volto ao chão, meus pés. Sendo esses menos carrascos, se dou sorte, descubro minhas inadequações, meu descabimento, minhas desmesuras, minha capacidade de perder pra mim mesma, de rir do meu ridículo, de tropeçar em meu próprio caminhar. Sendo fêmea, na roda cíclica das minhas mulheridades, estou aprendendo que se do chão não passa, no voo alto a vertigem também não escapa.

Outro dia, despertei dentro de um sonho: já fazia tempo que estávamos ali, mas a criança era teimosa. Tem hora que eu mesma não acredito no tanto que ela é teimosa. Conheço-a há 37 anos e a danada ainda me surpreende. Me olha insistente, não arreda o pé. Eu, diante dela, sigo tentando frestas de negociação.

A chuva estava a cair há mais tempo do que eu gostaria. Antes a gota na pele era suor. Agora era chuva torrencial. Antes era brincadeira a conta-gotas. Agora era gélida. Eu que não tenho dose extra de gordura nem de calor, nem de paciência, já sucumbia em ossos a friccionar: dentes que se mordem, coxas a se rasparem como entrando uma na outra. Os pelos eriçados denunciando que de dentro não tem mais o que sair além de tremores. Ainda assim, consigo achar poesia nos cabelos escorridos e na cara lavada. Ela chupa os seus. Chupa a franja que acidentalmente cai em sua boca como se chupasse um picolé. Não é que ela seja teimosa, talvez. Pode ser que ela esteja mesmo em paz com o tempo de espera até que as coisas tomem tino, tomem o seu tino. Chupa a franja, olha as folhas, desliza os pés sobre o chão molhado, provoca a lama entre os dedos, vira o rosto pra cima e deixa a água cair do nariz às orelhas, só pra sentir que não é só cenário, só pra fazer daquela chuva o seu acontecimento. E me olha, aguarda que eu mude de ideia. Talvez a teimosa seja eu.

Retomo a negociação, agora comigo mesma. Se por toda a vida eu quis ser larva e borboleta azul, ela agora me pedia que eu fosse casulo. O próprio casulo. Que larva e borboleta não era tudo igual, disso eu sabia, mas chegava ela à ciência de que borboleta e casulo, larva e casulo, eram coisas diferentes. "Casulo é uma coisa, borboleta é outra", disse-me exibida a menina, com o tom impaciente de quem acabara de aprender e já está cansada de saber.

Borboleta azul voando por aí depois de morar no escuro do casulo não é o casulo. Casulo é casulo. Fica lá, enrugado, todo marronzinho que mal se vê, pendurado por um fiozinho de nada no galho ressequido, à mercê do vento. À mercê do tempo da borboleta em se bastar e sair voando, sem ao menos lembrar de onde veio. Se borboleta antes larva, lembra de contar que foi larva, lembra de um tal casulo, mas toma do casulo a fama da coragem em se metamorfosear. O casulo continua lá, oco, enrugado, pendurado por um fio de acaso. Mesmo sabendo de tudo isso, com a ciência de uma criança que sabe de tudo no mundo a partir dos próprios termos, ela ainda sim, quer que eu seja não a borboleta, nem mesmo a larva, mas o casulo.

Quero logo me escapar do frio, pensando no café quente com leite de amêndoas e canela embaixo do cobertor xadrez, que vão me deitar depois daquela tormenta. Até consigo agradecer à chuva por me tornar mais agradecida àquilo que me passa ligeiro. No conforto da resolução, digo que sim, vou ser então casulo. A criança sorri, dá uns pulinhos, geme e se entorta, mas dura pouco, desconfia e cessa. Olha pra minha cara de adulta e estreita os olhinhos, como aguçando a vista a procurar sinais de mentira. Eu reafirmo, em tom de promessa: serei casulo. Ela espreita os ouvidos para sacar qualquer dissimulação na fala. Juro, concluo. Jura? Juro. Seca e decidida, não dá mais para voltar atrás. Jurar com ponto final depois, para criança, é cutucar com vara curta os deuses.

Sem tirar as mãos do sovaco, que era o único lugar cabível do meu corpo a par das vaginas e entranhas, eu dou de ombros para que a gente se vá em direção à casa. Ela arranca minhas mãos rígidas e, como a borboleta que é, me mostra que de frio suas asas não padecem. Nunca parariam de bater. Eu, já invernada na condição de casulo, até solto os braços e tento, no relaxamento, dissipar o incômodo. Mas logo viro casulo de novo, com as mãos no sovaco, destino esse que me escolheu. Tomamos o líquido quente que a chuva permitiu que se adoce, e no alto dos cobertores, olhamos da varanda a mesma tormenta que antes afligia, agora boa.

Ao acordar, instigada pelas dores nas mamas e um fluxo atrasado de insignificantes 24 horas, fui atrás de um teste de gravidez perdido na gaveta. Descubro um coração que, de uma semente ovariana, pulsa em meu ventre gasto. Enjambrada entre meus fios de seda, penso que a danada daquela criança até que me havia pressentido. Tenho mesmo vocação para casulo. Promessa feita, sigo comprometida em aninhar mundos larvares, em manter fecunda a vida embrionária, em abraçar o inventivo da força pulsional. A cada germinação que assim o exigir, plasmo no corpo o desejo em sua ética de afirmação. Desde o invólucro do além de dentro, tudo o que me habita é concebido como entidade transitória, como território de passagem, como meios permeáveis a outros tantos possíveis.

Pode ser que eu volte, espiralada. Mas por agora vão, podem ir… Apressando o existir, permitindo que a vida passe enquanto tentam conquistá-la. Vão que eu fico, já me sinto segura em ser dentro. Estou bem aqui, a fenecer meus rastros, cavando com as unhas as entranhas da terra, submergindo no abissal. Há muito a ser sepultado. Afinal, para renascer é preciso saber morrer. Por que haveria de ser diferente? Do broto no lodo, cultivar-me até que germine, um dia há de aflorar.

Será bom voltar, depois que fiquei pra trás.

✵

Rasgada de dentro para fora o corpo contorce, move, expande e contrai, emerge e desaparece - até que o novo, num gesto abrupto, seja expelido à materialidade, das contrações à fenda.

✵

Nascer, como uma síntese dos esforços para persistir vivente, exige dar passagem. Parir, o que quer que seja, demanda grito, pulsão, gemido, desejo: um *corpus* autorizado a saber, a plena abertura até que em criação se expresse o rebento. Há dor e esforço - por vezes desespero e exaustão - para romper em fissura, penetrar por entre as frestas, dilatar os rígidos contornos, vazar os fluxos obstruídos, fragmentar as sólidas estruturas.

✵

É preciso empurrar para fora tudo o que viceja e arde. Para que a vida recobre potência, é preciso roubar o que nos foi sequestrado.

✵

É preciso destituir-se de si para receber a vinda do outro, para que um mundo outro se faça, então, possível.

✵

Copyright © 2022 by Editora Letramento
Copyright © 2022 by Morena Cardoso

Diretor Editorial | **Gustavo Abreu**
Diretor Administrativo | **Júnior Gaudereto**
Diretor Financeiro | **Cláudio Macedo**
Logística | **Vinícius Santiago**
Comunicação e Marketing | **Giulia Staar**
Assistente de Marketing | **Carol Pires**
Assistente Editorial | **Matteos Moreno e Maria Eduarda Paixão**
Revisão | **Lorena Camilo e Daniel Aurélio (Barn Editorial)**
Finalização da Capa e Diagramação | **Luís Otávio Ferreira**
Leitura Crítica | **Lucila Losito**
Fotografia da Orelha | **Renata Chebel**
Arte da Capa | **Marcos Pacheco**
Ilustrações do Miolo | **Selva de Carvalho**

Todos os direitos reservados. Não é permitida a reprodução desta obra sem aprovação do Grupo Editorial Letramento.

C268m   Cardoso, Morena
           Manifesto crisálida: escritas subcutâneas / Morena Cardoso.
           Belo Horizonte, MG : Letramento, 2022.
           176 p. ; 14cm x 21cm.
           ISBN: 978-65-5932-220-6
           1. Autobiografia. I. Título.
           2022-2490   CDD 920   CDU 929

Elaborado por Vagner Rodolfo da Silva - CRB-8/9410
Índice para catálogo sistemático:
1. Autobiografia 920
2. Autobiografia 929

LETRAMENTO EDITORA E LIVRARIA
Caixa postal 3242 – CEP 30.130-972
José Maria Rosemburg, 75 B – Ouro Preto
CEP 31.340-080 – Belo Horizonte / MG
Telefone 31 3327-5771

- editoraletramento
- editoraletramento.com.br
- editoraletramento
- company/grupoeditorialletramento
- grupoletramento
- contato@editoraletramento.com.br

- editoracasadodireito.com
- casadodireitoed
- casadodireito